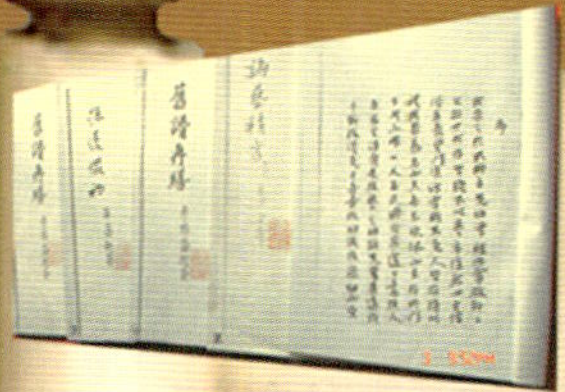

武氏太极拳第四代嫡系传人李锦藩恩师

武氏太极拳第三代嫡系传人李逊之先师

武氏太极拳第二代传人李亦畬宗师

武氏太极拳创始人武禹襄祖师

誨藝精言 憶解

我家之于武術自先伯曾祖亦畬啟軒二公始世代傳習雖不以藝市值然四方僧俗英豪登門造訪者頗不乏人皆接待以禮彼衆慕名而來無不欣佩而去拜于門下者亦非一人至民國後家運日衰族人多為生活奔走技藝之功距先輩甚遠我于斯技僅免于丟棄故功淺技疏幼而受教于先叔化南彼參加抗日工作後乃從十祖父石泉學器械十一祖父遜之習徒手拳術今老矣功亦未成徒歎時日不再負先人之教誨良深為使其教言不至隨時日而逝謹就記憶所及將二公言教筆之于後並略詮以己意名之曰誨藝精言憶解然誨教中時有現身説法石泉祖父則更疏于語言而現身説法尤多于此實難形之紙筆惋惜再再亦無如何本思筆代口授實則距願甚遠後之愛斯技者讀後不知有何感焉

李錦藩

一九八六年十二月冬至后三日

研究古拳谱

武氏太极拳第四代嫡系传人·李锦藩恩师原手稿

恩师李锦藩《太极拳秘谱》“自序”

全国人大代表、全国五一劳动奖章获得者宋福如先生
考察永年太极文化节

与“和太极”创始人何俊龙老师在武当山能量篇会场

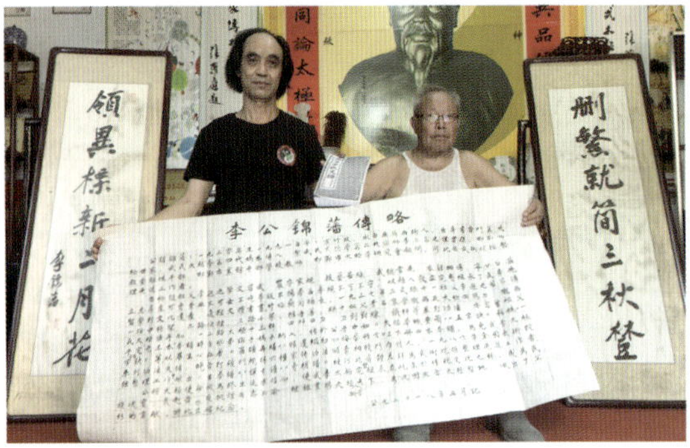

与李氏后裔李光藩先生观看李锦藩传略和李氏家谱

邯郸市武协主席孙华斌和杨式太极拳代表韩清民、
武氏太极拳代表孙建国、顾氏太极拳代表刘登信合影

《中华武术》杂志第一任主编昌沧先生与
有关领导见证收徒仪式

武氏太极拳学院党支部成立仪式

《武氏家传太极拳》新书发布会，作者与人民体育出版社编辑、沧昌先生和李氏后人及同门师兄弟在武禹襄祖师故居

原邯郸市政协主席贾红军在
武家大院考察太极拳

1986年全国武术挖整工作（广府文化
站）姚继祖、李锦藩、翟文章等老前辈

中国武术协会原主席李杰
在太极两会上为作者题词

国家非遗中心领导与永年区政府领导在武禹襄故居考察

太极名家在香港武术联会

武氏后裔与作者在武禹襄祖师故居

武氏后裔与武氏太极拳传人孙建国先生在武禹襄故居

杨氏、武氏太极代表人在山东日照太极会

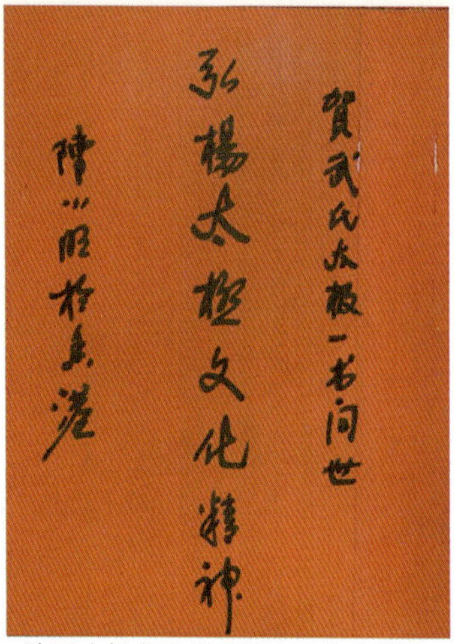

陈氏太极名家代表陈小旺先生题词

武禹襄祖师画像
著名冀南书画院高级书画师
王润和先生作品赠作者

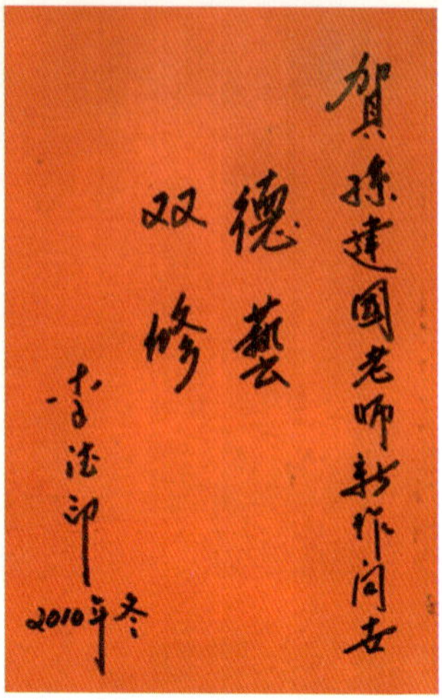

著名太极名家李德印先生题词

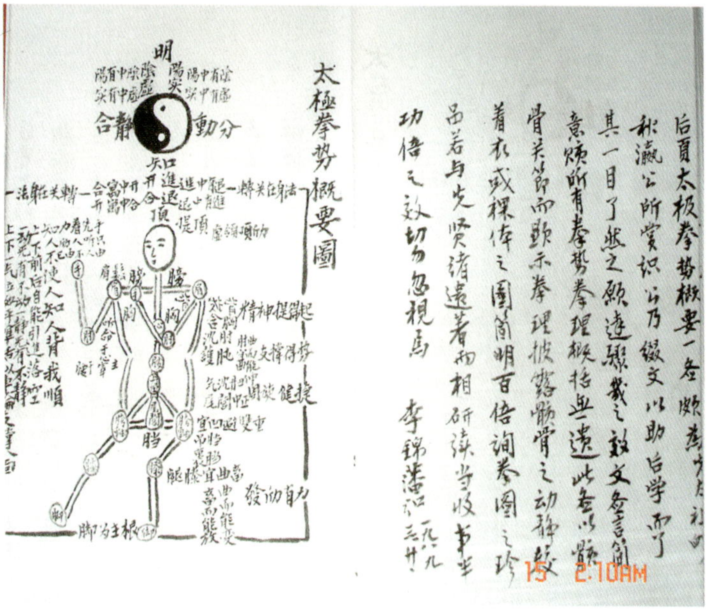

李锦藩先师手绘“太极拳概要图”

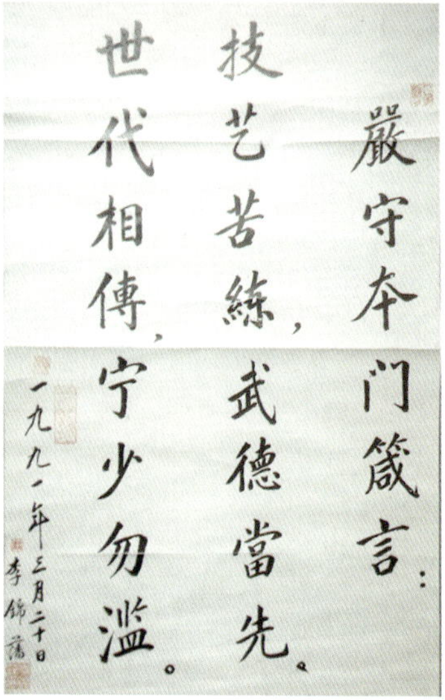

武氏太极拳第四代嫡系传人
李锦藩恩师赠送本门箴言

武式太极名家李剑方先生题词

武氏太极第六代弟子河北省书法协会会员李文何书法

中国书法家协会会员、武氏太极第六代弟子陈雄威书法

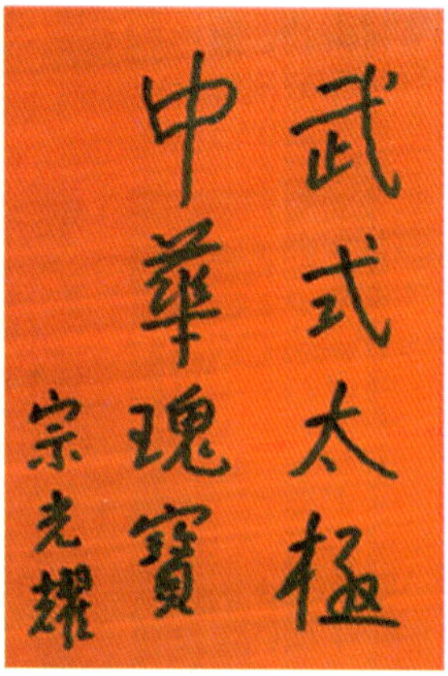

中华太极文化国际总部主席
宗光耀先生题词

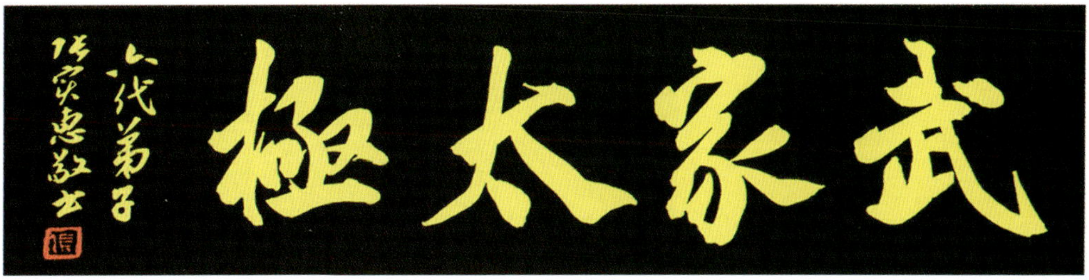

著名青年书法家、中国书法兰亭奖获得者张实惠书法

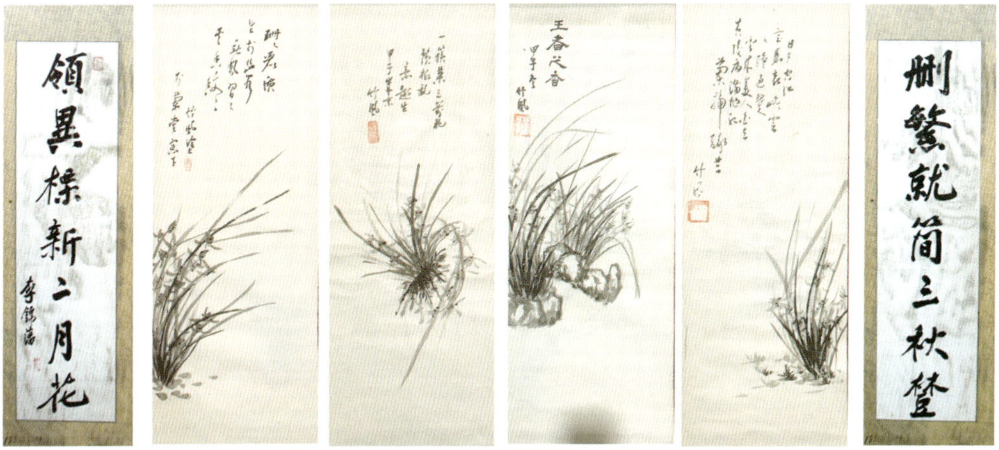

武氏太极拳第四代嫡系传人李锦藩恩师墨宝

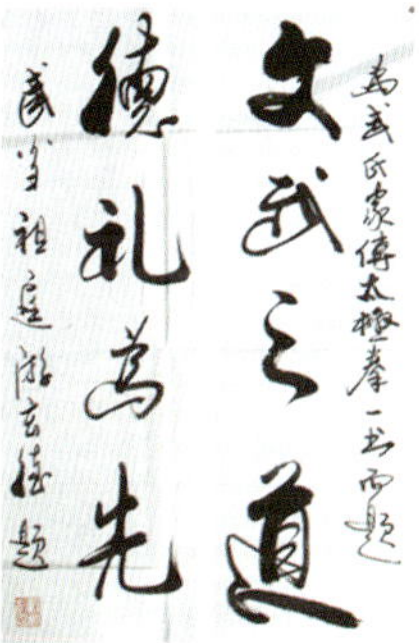

武当祖庭游玄德道长题词

武氏太极第六代弟子、中国书法协会会员陈雄威书法

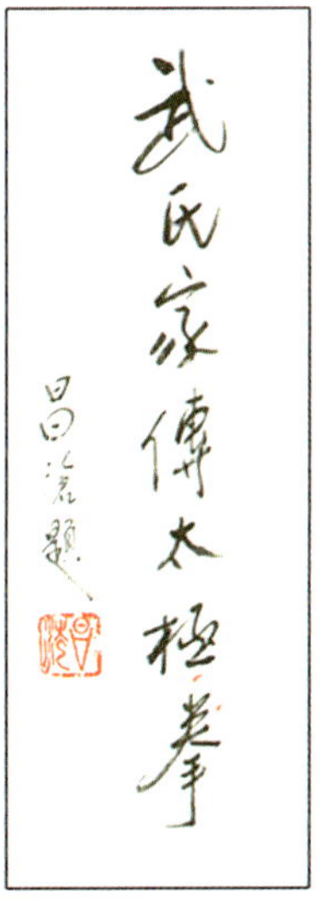

《中华武术》杂志第一任主编昌沧先生（95岁）题词

广西钦州六代弟子吴雅杰陶艺作品

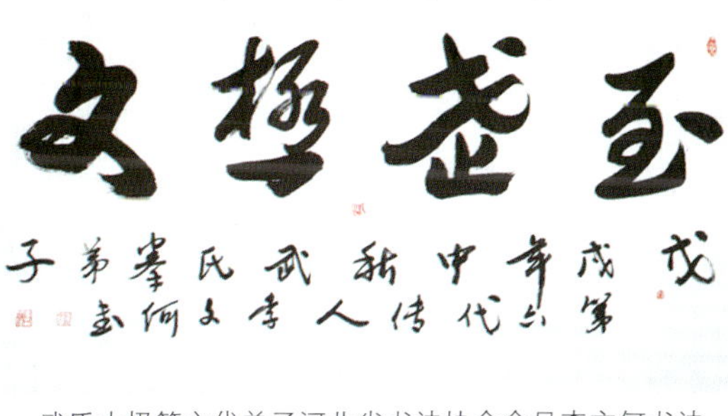

武氏太极第六代弟子河北省书法协会会员李文何书法

原中国武协副主席张山先生题词

中华民国时期的《李氏太极拳》

在武氏太极拳第四代嫡系传人
李锦藩恩师灵位前
师母赠送古《弹弓谱》

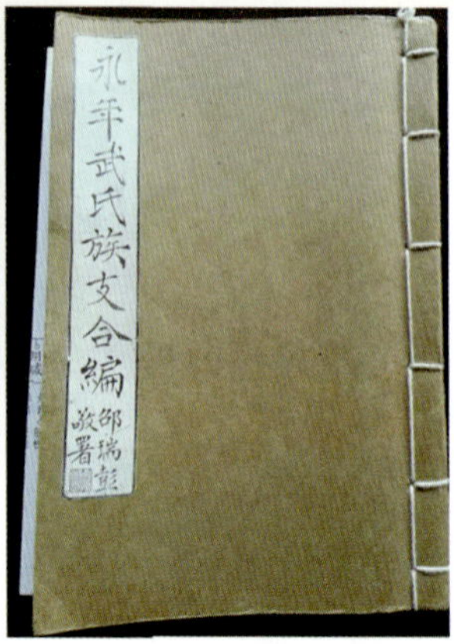

永年武氏族支合编

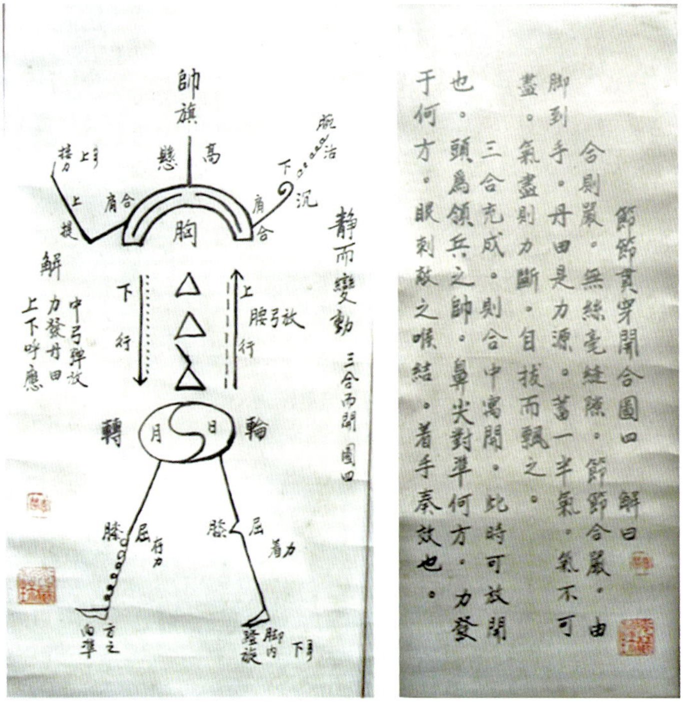

李氏家族秘传“节节贯穿图解”

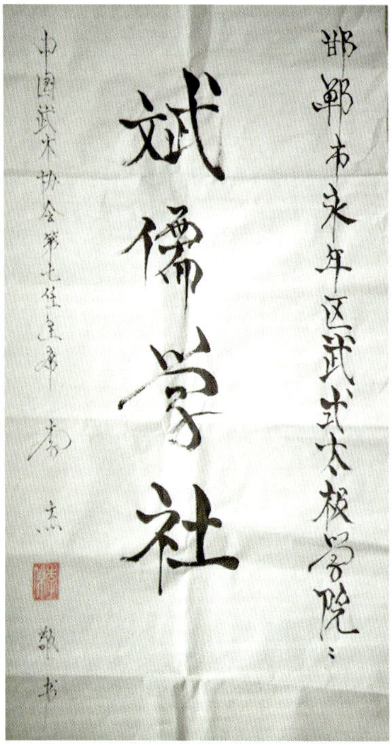

中国武术协会原主席李杰题词

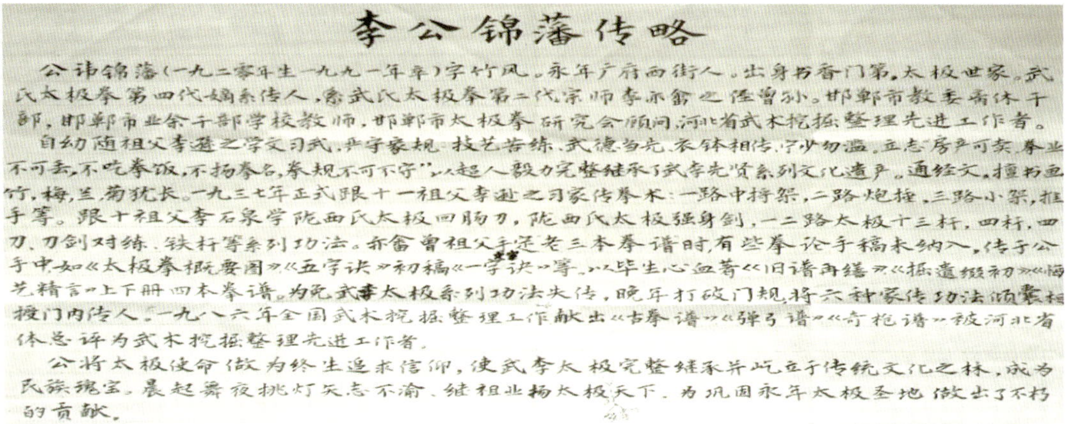

李公锦藩传略

公讳锦藩（一九二零年生一九九一年卒）字竹风。永年广府西街人。出身书香门第，太极世家。武氏太极拳第四代嫡系传人，为武氏太极拳第二代宗师李亦畬之侄曾孙。邯郸市教委离休干部，邯郸市业余干部学校教师，邯郸市太极拳研究会顾问，河北省武术挖掘整理先进工作者。

自幼随祖父李逊之学文习武，严守家规，技艺苦练，武德当先，衣钵相传，宁少勿滥。立志“房产可卖，拳业不可丢，不吃拳饭，不扬拳名，拳规不可不守”，以超人毅力完整继承了武李先贤系列文化遗产。通经文，擅书画竹，梅，兰，菊犹长。一九三七年正式跟十一祖父李逊之习家传拳术：一路中持架，二路炮捶，三路小架，推手等。跟十祖父李石泉学陇西氏太极四肠刀，陇西氏太极强身剑，一二路太极十三杆，四杆，四刀、刀剑对练、铁杆等系列功法。亦畬曾祖父手定老三本拳谱时，有些拳论手稿未纳入，传于公手中，如《太极拳概要图》《五字诀》初稿《一字诀》等。以毕生心血著《旧谱再缮》《挖遗缀补》《悔艺精言》上下册四本拳谱。为免武李太极系列功法失传，晚年打破门规，将六种家传功法倾囊相授门内传人。一九八六年全国武术挖掘整理工作献出《古拳谱》《弹弓谱》《奇枪谱》被河北省体总评为武术挖掘整理先进工作者。

公将太极使命做为终生追求信仰，使武李太极完整继承并屹立于传统文化之林，成为民族瑰宝。晨起舞夜挑灯矢志不渝、继祖业扬太极天下，为巩固永年太极圣地做出了不朽的贡献。

武氏太极拳第四代嫡系传人李锦藩恩师传略

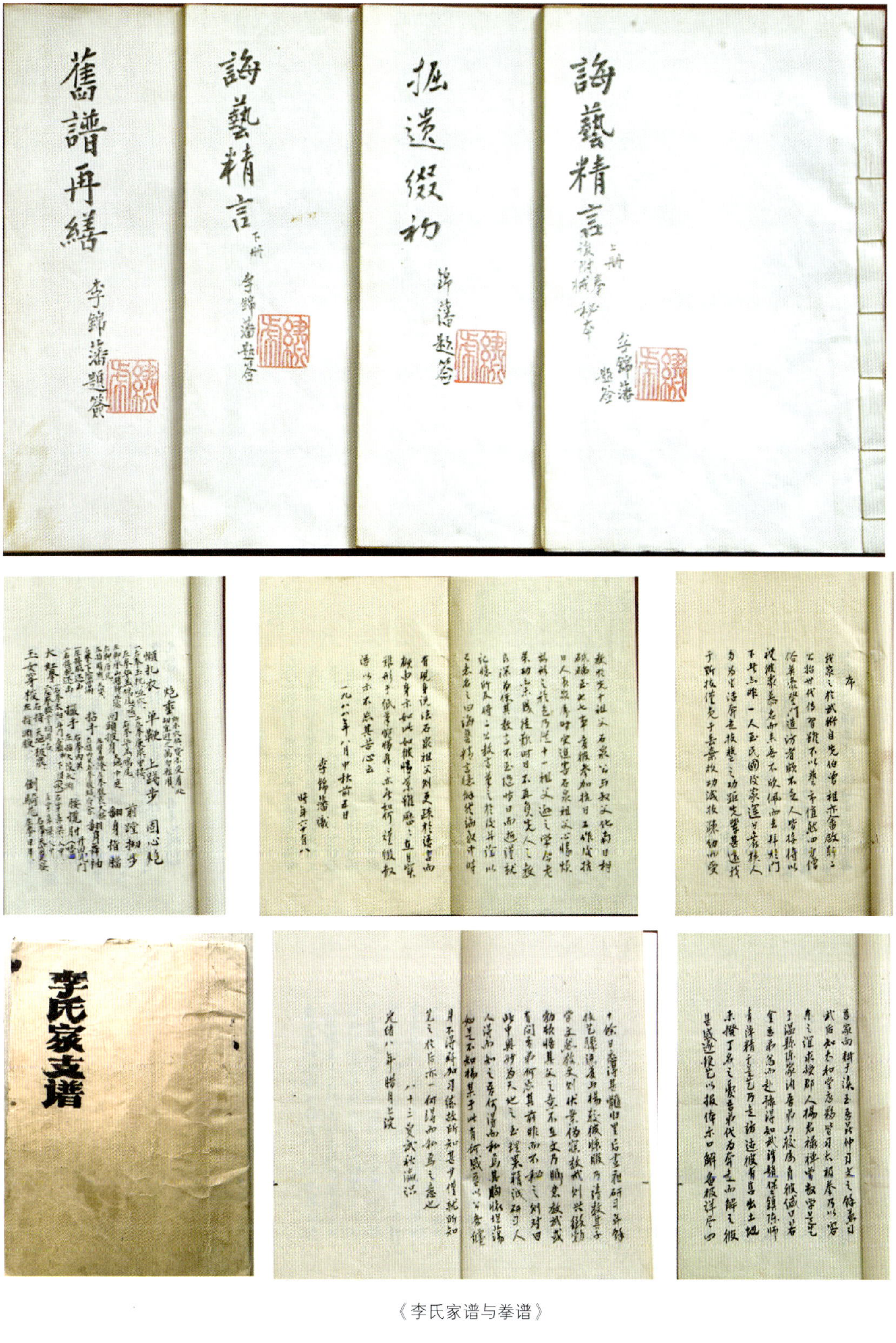

《李氏家谱与拳谱》

2012年在武禹襄祖师故居成立永年县武氏太极学院，来自全国武林嘉宾及市政府、体育局领导合影

弘扬经典文化　传承古城太极

在古城墙上传授瑞士学员太极拳

特聘到俄罗斯大使馆讲学，与俄政府官员赠书仪式

永年武氏太极学院浙江仙居分院

永年武氏太极学院贵阳分院

武氏太极文化传承丛书

武氏家传太极拳

实践篇

张耀庭题

孙建国 程涛 韩军文 编著
李锦藩 传授

人民体育出版社

作者简介

孙建国　法号德海，别名行者，武氏太极拳第五代直系传人，中国武术七段，中国武术段位制指导员、考评员。现任永年武氏太极学院院长，非物质文化遗产传承人。邯郸市永年区政协委员，邯郸学院客座教授，南昌理工学院客座教授。

1986年，参与河北省武术挖掘整理工作，协助恩师李锦藩整理《古拳谱》《弹弓谱》和《奇枪谱》等资料，荣获“河北省挖整先进工作者”称号。

1991年，荣获首届中国永年国际太极拳联谊会开幕式优秀教练。

1993年，被广府镇人民政府评定为“广府太极十二新秀”之一。

1997年，在《武当》杂志以“青年拳师”身份刊发为封面人物，记者以《苦心育桃李 弘扬太极魂》为题进行了专题报道。

1998年，《武当》杂志全年连续12期刊登他的武式太极拳论文和拳法套路讲解，影响颇大。

2004年，出版《武氏太极拳秘笈》一书。

2005年，人民体育音像出版社的“中华武术展现工程”联合广州俏佳人文化传播有限公司出版《武式家传太极拳》系列VCD教学光盘，全国新华书店发行。

2007年，接受国家体育总局中国武术研究院邀请拍摄《中华武藏》《武式太极拳》系列大型DVD教学光盘20碟。山东电视台体育频道拍摄《拜师记》在全国播放。

2008年，应中国武术协会、国家体育总局邀请，参编《武式太极拳》段位制体育教材。

2009年，由中国武术协会审定、国家体育总局武术研究院监制拍摄“中华武藏”——《武式太极拳》大型电视教学系列片（中英文对照版）。

2010年，入选《太极网》《中华太极拳传承网》“太极英雄榜”上榜名家。

2010年，被评定为“非物质文化遗产（武式太极拳）传承人”。

2011年8月，《武氏家传太极拳概述特点与随曲就伸》荣获首届太极拳传承人高峰论坛“优秀论文”奖。

2011年，被中华太极拳杰出传承人评选活动组委会授予“中华太极拳杰出传承人”荣誉称号。

2012年，被武当山武当拳法研究会和《武当杂志社》命名为“武式太极拳代表人”。同年，《武氏太极拳全典》出版发行。

2014年，《武魂》杂志第1、7、11、12四期封面人物刊登“本门派代表人物”，同时刊发武氏太极拳有关方面的论文和报道。同年起，担任《武魂》杂志社编委会副主任、《搏击》杂志编委会委员。先后被聘任为《武当》杂志、《太极》杂志和《中华崛起》大型人物系列丛书等特邀编委。

2015年10月，被世界太极拳网、《中华武术》杂志和《武魂》杂志评选为“太极优秀推广人”。

2017年，荣获中国国际太极·瑜伽大会“优秀导师”荣誉称号。同年被南京容元文化发展有限公司聘为武学顾问。

2017年11月，被中国太极特色小镇建设发展联盟、北京体育休闲产业协会、北京体育记者协会和《武魂太极》杂志聘请为“太极特色小镇建设发展联盟”委员。

多年来，孙建国在推广传授武氏太极拳方面做出了突出贡献。先后担任湖北省武当山三丰武馆主教练、中国永年国际太极拳联谊会主教练、河南温县太极拳研究院荣誉院长、中华太极拳传承谱系广府工作站站长、河南电视台大拳师百家讲堂主持人等。

目前，孙建国已经有正式拜师徒弟近200位。全国各地的弟子开设有山东日照、浙江仙居、安徽巢湖、福建厦门、广东汕头、江苏盐城、重庆、贵州贵阳八所武氏太极分院，学生上万名。

2018年9月，为纪念武氏太极拳第四代嫡系传人李锦藩先师诞辰98周年，召集弟子在武禹襄祖师故居雕塑立汉白玉像与纪念碑，以示纪念！

序　一

武禹襄故乡行

昌　沧

按：此文系我两年前专访孙建国先生所写，曾刊在《中华武术》杂志。现欣逢建国大作《武氏家传太极拳》在人民体育出版社出版，约我写序，特以此文献之。

古城秀美

2016年国庆节后，我在河北省固安县参加了一个民间武术活动。随后，来到了邯郸市永年县广府太极拳故乡。这是一座始建于春秋时期（前770～前476）的古城，古属赵国。因它“北通燕涿，南达郑卫，东连齐鲁，西接秦晋”，是“南北呼应、东西交汇的‘四达之城’”，故常为兵家必争之地。虽历经两千多年的兴衰变迁，文化古韵犹存！

这是一个极其优美的古城。厚厚实实的城墙，周长九里十三步，保护完好。“四门”之外，还建有瓮城。“关防深锁，固若金汤”。城外有广阔的护城河环绕一周和永年洼地，常年处于湿地状态：沿岸芳草萋萋，杨柳依依，“浅植稻苇，深种荷藕”。人称“半洼荷花三面柳，一城秀色四方湖”。素有“北国江南”之誉。

武氏太极拳始祖武禹襄（1812—1880）先生就诞生在这儿。

两副精联

在河北省邯郸市峰峰武术协会副主席、武氏太极拳五世门人孙建国先生的热心指引下，我参观了武禹襄先生的故居。屋宇庭院，宽阔雄伟，有如王府。建国说："我拳始祖武先师乃书香门第、官宦人家。从祖上起，就十分嗜文爱武，我们的历代祖师还是当朝的秀才、举人或进士。"

穿过几层房舍和天井院后，来到祖师的起居室。门里门外有两副对联，引起了我的关注：门里正中祖师画像两侧的对联，上联是"一等人忠臣孝子"，下联是"两件事读书耕田"。这实际是要求他的子孙后代及弟子们"忠孝两全、耕读为本"。这既是武氏家训，也是弟子门规。门外两边对联为："立定脚根竖起脊，拓开眼界放平心。"我体会这也有两重意义：一是做人处事，要顶天立地、虚怀若谷；二是练我拳术，要立身中正、心平气和。

创学艰辛

我们边看边谈。建国如数家珍地谈了武禹襄祖师的创拳经过。"我祖师幼随父习长拳、洪拳；后师从陈清平研习太极拳；从其长兄处得王宗岳《太极拳论》及《太极拳概要图》等拳论后，与其外甥李亦畬、李启轩共同研创，认真钻磨。数年后，他独创此拳"。其特点是，"动作、外形，严整紧凑，古朴简洁，气势中正，圆和雅致”“历经李亦畲、李逊之、李锦藩等数代宗师继承与发展，始为今之武氏（式）太极拳也”。

同时，建国也介绍了自己学拳、授拳的经历。

就在10月4日，建国将要在祖师爷居室门前举行收徒仪式。我很荣幸地参加了这个仪式。红地毯上，九位中青年爱徒，一字排开，按序先拜祖师，后拜师父。会场上庄严肃穆，简朴隆重。从而引起了我的兴趣：

建国，这位1964年出生的中国武术七段、永年武氏太极学院院长，对武术的热爱非同一般！总之，不论学武，还是授拳，对他来讲都是“苦”字当头！先苦后甜，贡献社会。

苦苦追求

广府，历来就是兴文尚武之地。杨氏太极拳创始人杨露禅（1799—1872），亦为此地南关人氏。因特殊地理环境的影响，建国从小就喜欢上了武术。每天放学回家，书包往桌上一扔，就到邻居大爷李锦藩（1920—1991）家，看人家练拳，自己也偷偷地学。因不好好做作业，学习成绩一般，遭到了他爸的激烈反对。大爷见此，也不教他。最后建国立下了“军令状”：上课，好好听讲；下课，好好作业。保证学习成绩优秀。坚持业余习武！他爸这才同意，大爷也才教他练武。为考验他，一个武术动作，让他一练就是十几天。他既坚持又揣摩着，毫无怨言。直到1976年，才得以正式拜在李锦藩先生的门下。

苦苦习练

建国白天念书、干活，晚上练拳直到深夜。一个动作练不到神形兼备，他不停息，师父也不教他下一个动作。练得好苦！既汗流浃背，又揣摩穷究，一练就是10年！他尊师如父，敬师如母。他心灵手巧，师父家的什么活都主动地抢着干，如烧火劈柴、扫地、擦窗户、挑水、和煤土、种庄稼、跑街购物等，样样都干。师父、师母都非常喜爱他，把他当作自己的儿子对待。故将其终生祖传的太极拳械，包括刀、剑、杆及二路炮捶、小架等的深切领悟，无私地传授给他。著名武术家翟金录是这样评价建国的："拳架端庄、优美、中正，没有前俯后仰之弊；拳路平缓、舒展、匀称，没有断续之痕。"1983—1986年，全国开展武术挖掘整理工作，他又积极地协助恩师整理《古拳谱》《弹弓谱》《奇枪谱》等资料，被评为"河北省武术挖整先进工作者"。1991年8月2日，李锦藩先生谢世前，又将自己毕生珍藏的《拳谱》《拳论》等手稿亲手传给了他，嘱托他要将武氏太极拳继承、发扬光大。

苦苦传播

建国为了谨遵师训，就随后开门授徒。"放弃了个人经济发展的机遇，辞掉了一份像样的工作"。他走南闯北地推广武氏拳。可能当时他年轻气盛，多少带点盲目性，闯荡不佳。于1996年回乡开办武氏太极学校，又因经营不善，亏得血本无归。一气之下，再往南下。闯深圳时，人生地不熟，收徒难。带的钱花光了，就忍饥挨饿，露宿街头！在朋友的搭救下，奔赴武当山授拳。

“有花自然香”“是金子总会发光”！他既有真才实学，又刻苦练功传授，还与学子们打成一片，颇受他们欢迎与爱戴。后因报酬微薄，又重闯深圳，赴广州、珠海、汕头、江苏、浙江、福建，以及国外。数年后，又转回家乡创业，开办了永年武氏太极学院，自任院长。因积累了经验、教训，学院办得有声有色。有几位贫困好学的弟子，苦苦追随。他就千方百计地给他们创造条件，让他们搞勤工俭学：白天干活，晚上练拳！这些小青年同他当年一样，积极打工，刻苦练武。一习练也是10年。现在，他们都回到故乡，有四川的，有湖南的，有江苏的、广州的、深圳的，也有山东、浙江、安徽的。他们都开山收徒，开办武氏太极分院，传播开了武氏拳等！

使我感动的是：建国有两位安徽弟子，分别在两地办班、讲学，讲到他们恩师“苦学”“苦传”的故事时，令两位著名画家激动不已，就分别作画，一幅为《独步天下》，一幅为《四君子》，来赞誉建国热爱武术、弘扬武术的坚苦卓绝的奋斗精神，也令新弟子和武术爱好者们激励向上！

苦尽甘来

建国自1991年起，除了精心授拳外，还积极参加武术界的各类活动：曾任“中国永年国际太极拳联谊会”开幕式千人太极拳演练的主教练；随后，他11次率队参加该会举办的竞赛活动，获金、银、铜牌上百枚。23年前，他就被当地人民政府评为“广府太极十二新秀”之一。他又就读了北京中医药培训大学，除武艺精湛，又擅长武医推拿、拔罐、针灸等。曾被特邀赴香港武术联会交流技艺，被评为“太极名家”；又被俄罗斯盛邀，进行中俄太极文化交流，向俄方9省、市政府官员讲学授艺；后被韩国邀请在其首都首尔讲学授拳，均受到热烈欢迎、高度好评！随后，又接聘为南昌理工大学、邯郸太极学院的客座教授。数十年来，因他对武术积极推广、贡献大，荣获中华武林高峰论坛颁发的“武术文化推广奖”。现时，他的弟子遍及海内外。

近25年来，建国先后在省和国家级音像公司、出版社、电视台录制、出版了《武氏太极拳秘籍》《拜师记》《武氏太极拳全典》《太极行者孙建国》，以及《中华武藏·武式太极拳》系列套路、教材和大型电视教学光盘累计30碟等。其业绩已载入《中国体育年鉴》。现正整理全套《武氏家传太极拳》（上、下两卷）。他为继承和发扬中华民族传统武文化做出了突出贡献。

序　二

承蒙孙先生的抬爱与信任，让我为其十年磨一剑的武学著作《武氏家传太极拳》做推荐序，虽备感光荣，但也着实诚惶诚恐，顿感历史责任在肩，唯恐才疏学浅难以胜任。

何为“太极”，我们可以这样理解——“无极生太极，太极本无极”，但这似乎只可意会而无法言传。正所谓“无穷小才是真正无穷大”，因为只有到达“无穷小”的状态才能够真正挣脱一切形式上的束缚而无处不在。刚柔并济——柔于刚，刚在柔，柔亦刚，刚亦柔，正是太极拳所承载之太极哲学的生动展现！

戊戌年大暑，对河北永年广府古城武禹襄故居的意外造访，以及与武氏太极拳第五代嫡系传人太极名家孙建国先生前世有缘般的邂逅，让我内心转瞬间升腾起“与君初相识，犹似故人归”的妙感与欢喜。通过简短而深入的交谈，以及饶有兴致的展演与切磋，古朴仁厚的孙先生深入浅出地诠释了武氏拳理与人生哲学。武氏太极在技艺上强调“气为总领”，即用意气变换支配外形运动，走内劲而不露于外；在修为上要求“德为根基”，即以德为先、为人中正是承袭武氏的基本前提。正如武禹襄先生故居正堂门前楹联所书，“立定脚跟竖起脊，拓开眼界放平心”。

交谈中我问孙先生，武氏太极拳享有“文人太极”之美誉，那在当今太极拳的五大流派中能否称得上是翘楚？孙先生这样回答我，太极拳的本质是至柔与至刚的相合相生、相互转化，而不同的太极拳门派只是在以不同的感悟与方式去追求这种无上境界而已，其实都是大道至简，万法归一。“太极本无极”，又何苦执迷于对所谓排名的贪念，否则就有悖于太极拳的真谛和祖师爷的遗训。

“大道至简”是孙先生谈话中多次出现的高频词，似乎在暗示武氏太极拳并非高不可攀、望尘莫及，就好比太极中之阴阳，关键在于领悟“难”与“易”的微妙关系。结合我的经历，这里可能就是“书读百遍，其义自见”吧！此外，孙先生还特别强调要正确认识和领会习练太极拳过程中的“松”字，以避免当今众多练功者中普遍存在的误解。“松”一定是脚踏实地、千锤百炼之后的一种自然放松状态，而绝非简单模仿、故意做作出的松垮状态，即此“松”非彼“松”。

《武氏家传太极拳》全书图文并茂、语言平实、深入浅出，将武氏太极拳的拳义与要领呈现在读者面前，甚至将鲜为人知的武氏太极拳二路炮捶和三路小架纳入书中，这足以彰显孙先生的宽容坦荡的胸襟与武德。建议广大读者与太极拳爱好者除了准确领会书中的各种技术要领以外，更要用心感悟武氏太极拳所承载的思想、文化与智慧，通过深刻理解和坚持不懈的练习体验那种至柔与至刚的相合相生，以及万般变幻中的心平气宁，并最终达到天人合一、无所不容的意境与状态。

中国刑事警察学院教授、清华大学法学博士　王全

2018年8月6日于沈阳

前　言

在本书出版之前，编辑来电说让我写一下前言，兴奋之际一时感觉无从谈起。这本书我已筹备了二十余年之久，现在终于基本定稿，也算是十年磨一剑吧！在欣喜之余，尚感美中不足。喜的是，这本书汇集了我学拳、练拳、教拳近四十年的积累和感悟，是我毕生尽心倾力之为，此番出版，圆了武氏太极拳第四代嫡系传人李锦藩恩师的遗愿，传承了老前辈的文化遗产，令我颇感欣慰。不足的是，相对于“武氏家传太极拳”的博大精深与内涵丰富，毕竟我的能力有限，仅仅传达一二，尚难以全面呈现，深感惭愧。

我出生在中国太极拳中兴发祥地，杨、武氏太极拳故乡——河北省永年广府，与武氏太极拳第二代宗师李亦畬故居毗邻。或许是特殊地缘环境和人际关系因素，自小耳濡目染受到广府古城太极拳文化的熏陶，深深地被太极拳的神秘和神奇所吸引，使我自幼就十分痴迷太极拳，随着我对太极拳的认识和感悟的不断加深，太极拳成为我一生倾心追求的事业与使命。

记得那是20世纪70年代初，我刚上小学三年级，晚上时常和邻家小伙伴一起偷偷跑出去看镇里人练太极拳，有时去南街，有时去东街，有时去武禹襄故居，哪里热闹就去哪里。每次看完后走在回家的路上都学着比划几下，总希望自己能成为他们那样身怀绝技的人。后来父亲知道了问我每天晚上都到哪里去了？干什么了？我说去外街看镇里人练拳了。父亲说："看练拳还用跑到外街？咱生产队你锦藩大爷就会拳，而且是家传的，改天我给你说说去。"听到父亲这么说，我非常高兴，特别盼望能够早日学到拳。

第二天下午一放学，把书包往家一丢，我就快步跑到锦藩大爷家去了，小心翼翼地站在他家门口怯生生地说："大爷，我想学拳！"锦藩大爷看着我微笑着说："你小孩子学啥拳，好好学习文化才好啊！"我说："学文化难学，学拳才好！我喜欢学拳。"大爷说："文化学不好，太极拳更学不好！我不会拳，你回家写作业吧。"我垂头丧气地回去了，但没有死心。

第三天下午，我又来到锦藩大爷家，看他正在窗前写毛笔字，我就站在门口，不敢动，也不敢吱声，也不走，站了很久。大爷不理我，继续写他的毛笔字。我看到门后有一把扫帚，就拿起扫帚开始扫地，扫完地又拿起铁锹和泥煤（煤与黏土用水搅拌在一起，用来烧饭和冬季取暖用），干完活就回家去了。

第四天放学后我又去了，看到锦藩大爷家里水缸里的水不多了，于是就到厨房里找扁担去挑水。当时我个子比较矮，还没有水桶和扁担钩子加起来高，钩子在扁担上绕两圈才不会让水桶拖在地上。

又过了几天，我听大爷说要到城外西关白菜地里种大蒜、浇地，我二话不说拿起浇地的水兜子与铁锹就一起去地里了。

就这样大约一个多月，每天下午放学后我都到锦藩大爷家帮着干家务活和农活。也许是我的勤奋、真诚打动了锦藩大爷，他终于答应教我学拳了。第一次只教了一个桩功与懒扎衣，他要求很严，基本上是每一个动作学完要练十天左右，才往下教。他每天都要认真地纠正我的身法，手掌的高低、远近和站桩的角度、方向、距离、时间等都有十分细致的要求。

我记得多数时候都是在晚上关着门教授的，有两个原因：一是在粉碎四人帮前锦藩大爷还带着“四类分子”和“右派”的帽子，恐怕因此招惹是非，引来他人滋事批斗；二是教授的是祖传拳术，需保密，不可传予外人。

一套中捋架功法差不多一年多时间才学完。练两年之后，锦藩大爷看我的基本功架练得差不多了，逐步开始教授器械，包括陇西氏太极强身刀、陇西氏太极强身剑、刀剑对练、四刀对练、反四刀对练、一路十三杆、二路十三杆、一二路对练杆、四杆对练、通杆、摈杆、摔杆、二路炮捶、三路小架、定步推手、活步推手、铁杆等系列功法，学完这些，我已经高中毕业了。期间，在我16岁时正式拜师入门。

80年代到90年代，我主要是练习套路功夫。拜师后我才得知，因师父家没有儿子，只有一个女儿，所以才将武李氏太极拳系列内容真谛传给我们西街近邻几名入室弟子。我高中毕业后，更是承担了师父家的大部分家务活和农活，常常在师父家吃饭，有时还从自己家的鸡窝里掏两个鸡蛋送到师父家；有时和师父一起睡在青砖大炕上，就像一家人一样；和家长闹意见后，师父家就是我唯一的去处。后来，我帮助父母在做一点小生意，在农村赶集上会时卖布料，逢年过节就会从家中“偷”拿一些服装布、床单布、门帘布送到师父家里。

这样很快十年就过去了。

1986年，“全国武术挖掘整理工作”开始，我随恩师常到广府文化站开会，恩师向河北省挖整小组捐献了《奇枪谱》《弹弓谱》和亲笔小楷抄写的《拳谱》，荣获了“先进工作者”的奖牌和证书。

我清楚地记得，1991年在恩师谢世一个月前的一个下午，他又让我练懒扎衣给他看，他蹲下身来一一用手抚摸检查着我身体的小腿、膝盖、大腿内侧、裆部、腰胯、脊椎、双肩、双肘、双手各个部位的角度、距离，纠正我动作的每一个细节，再一次解释身法要领之内含规矩。

更让我记忆犹新的是，恩师在病逝前一周的那天，他躺在床上，我在床边问到：“师父！您教了我们这么多武李家太极拳套路和真谛，是否应该整理成书？免得以后不常练的就会失传！”恩师叹了口气，慢慢说：“哎！建国！我是不行了！已晚了，以后就看你了，你还是高中毕业，有点文化，有些东西就靠给你了！家传太极拳都教给你们了，今后怎么发展就看你了！”当时听完这番话，我眼泪止不住在眼眶中打转，对恩师说：“师父您放心！将来我一定把武李家传太极拳内容全部整理出来公布于世，发扬光大。”

师父走后，我一直秉承师父的教诲，走了全国很多地方寻访太极名家交流学习太极拳，并接待来自世界各地的太极拳爱好者，如美国、德国、法国、澳大利亚及非洲一些国家。1994年，我开始教拳，先后在广府、曲阜、深圳、武当山、珠海、湛江、佛山、广州、汕头、揭阳、湖南、湖北、浙江、四川、甘肃等地办班教学，努力将武李家传太极拳推向社会。

在二十余年的时间里，我走遍了大江南北，不论是学艺、教拳还是交流推广，都谨记恩师的教诲：“技艺苦练，武德当先，衣钵相传，宁少勿滥。”“以德为本，以练为功。以诚待人。”坚守武德规范，常年勤练不辍，时刻不敢懈怠。恩师在世时常讲：“太极拳，太极‘拳’，‘拳’就是武术，武术就有技击、格斗对敌应用之要领，不要把‘拳’当成‘操’练，不要把‘拳’当成‘舞’练。”我经过近四十年的苦练揣摩总结体悟出：学习太极拳，第一，应练出太极的风韵；第二，要练出前辈的特色；第三，要练出独自的个性；第四，要练出武术的威力；第五，要练出浑圆的气魄。“功夫=真传+苦练+恒心+揣摩”。

2012年，我在永年广府武氏故居成立武氏太极学院。目前，武氏太极文化已在全国各省开枝散叶，有再传弟子近百名，有浙江仙居、山东日照、安徽巢湖、福建厦门、重庆、广东汕头、江苏盐城、贵州贵阳八所武氏太极分院。特别是贵阳武氏太极分院的博雅书院文武双修班，练武读经齐头并进，以德礼为先的传统文化教育，在环境优美的贵阳市修文县（王阳明悟道之处）举办得颇有特色，受到传统文化读经界的高度赞扬。

二十年来，我一直念念不忘的还是恩师的嘱托，将“武氏家传太极拳”系列功法出版公布于世。所幸，不负师恩嘱托，今得以完成心愿。因为“武氏家传太极拳系列”东西较多，只好分成《理论篇》与《实践篇》两部来完成。《理论篇》内容主要包括武氏家传太极拳的历代传人小传、功法特色，拳谱与拳论，我作为直系传人的练功心得与体悟，以及相关文章与传承谱系。《实践篇》主要内容包括一路中捋架、二路炮捶、三路小架、推手、龙凤剑、龙头回肠刀、一二路十三杆等套路动作与技术解析。

在《武氏家传太极拳》即将出版之际，首先要感谢我的恩师李锦藩先师二十年来的教诲，感谢人民体育出版社的有关同仁的支持，感谢原中国武术协会主席张耀庭先生为本书提写书名；感谢

《中华武术》杂志社元老、第一任主编昌沧老人家（95岁）不惜墨宝提词与作序，感谢中国刑警学院王全先生为本书写序，以及各位武术名家的慷慨题词。感谢配合编辑整理书稿的谢永广、张润平、邯郸一中的李哲峰。感谢本门传人邯郸一中王会平，永年的马高锋、浙江的朱瑶盛、陈贤伟，清河的夏长福等，大力支持配合拍摄图片与动作示范。

另外，在本书即将出版之时，恰逢武氏太极拳第四代嫡系传人李锦藩先师诞辰98周年，我们在武禹襄祖师故居塑立汉白玉像与纪念碑，同时举办新书发布仪式，以示纪念！

本书的出版虽已筹备二十年之久，但书稿一直在不断校正之中，此次为迎接第十四届中国邯郸国际太极拳运动大会暨邯郸市第三届旅发大会的召开，仓促脱稿，难免会有遗漏和错误之处，敬请各位同道友人提出宝贵意见，以便后续修改完善。感谢各界同仁不吝批评与指正！

孙建国

2018年8月于永年广府

目　录

第一章
武氏太极拳一路中捋架

一、概述

武氏太极拳一路中捋架，始创于1857年，由武禹襄祖师与其两个外甥李亦畬、李启轩共同研创，为中庸捋顺之拳架。其特点：中正安舒，短小紧凑，平缓稳固，虚实分明，气势饱满，是含而不露、文人雅致之拳架。练习中捋架的每一个招式都应注意提顶吊裆、含胸拔背、松肩沉肘、裹裆护臀等身法要领，正确练习中捋架一两年后，即可练就手与脚合、肘与膝合、肩与胯合之外三合，又可练就心与意合、意与气合、气与劲合之内三合，身法完整后，为以后学习二路炮捶以及三路小架打好坚实的基础。

二、拳式名称

预备势
起势
第1式　左懒扎衣
第2式　右懒扎衣
第3式　单鞭
第4式　提手上势
第5式　白鹤亮翅
第6式　左搂膝拗步
第7式　左手挥琵琶
第8式　左搂膝拗步
第9式　右搂膝拗步
第10式　上步搬拦捶
第11式　六封四闭
第12式　抱虎归山
第13式　右手挥琵琶
第14式　右懒扎衣

第15式　单鞭
第16式　提手上势
第17式　迎面掌
第18式　肘底看捶
第19式　倒撵猴（一）
　　　　倒撵猴（二）
　　　　倒撵猴（三）
　　　　倒撵猴（四）
第20式　右手挥琵琶
第21式　白鹤亮翅
第22式　左搂膝拗步
第23式　左手挥琵琶
第24式　按势
第25式　青龙出水
第26式　三涌背
第27式　单鞭
第28式　云手（一）
　　　　云手（二）
　　　　云手（三）
第29式　单鞭
第30式　提手上势
第31式　左高探马
第32式　右高探马
第33式　右起脚
第34式　左起脚
第35式　转身踢一脚
第36式　践步栽捶
第37式　翻身二起脚
第38式　披身
第39式　伏虎式
第40式　踢一脚
第41式　转身蹬一脚
第42式　上步搬拦捶
第43式　六封四闭
第44式　抱虎归山
第45式　右手挥琵琶
第46式　右懒扎衣
第47式　斜单鞭
第48式　野马分鬃（一）
　　　　野马分鬃（二）
　　　　野马分鬃（三）
　　　　野马分鬃（四）
第49式　单鞭
第50式　玉女穿梭（一）
　　　　玉女穿梭（二）
　　　　玉女穿梭（三）
　　　　玉女穿梭（四）
第51式　右手挥琵琶
第52式　右懒扎衣
第53式　单鞭
第54式　云手
第55式　单鞭
第56式　下势
第57式　左更鸡独立
第58式　右更鸡独立
第59式　倒撵猴（一）
　　　　倒撵猴（二）
　　　　倒撵猴（三）
　　　　倒撵猴（四）
第60式　右手挥琵琶

第61式 白鹤亮翅
第62式 左搂膝拗步
第63式 左手挥琵琶
第64式 按势
第65式 青龙出水
第66式 三涌背
第67式 单鞭
第68式 云手（一）
云手（二）
第69式 单鞭
第70式 提手上势
第71式 高探马
第72式 对心掌
第73式 十字摆莲
第74式 指裆捶
第75式 右懒扎衣
第76式 单鞭
第77式 下势
第78式 上步七星
第79式 退步跨虎
第80式 转身摆莲
第81式 弯弓射虎
第82式 上步双抱捶
第83式 手挥琵琶
收势

三、套路图解

预备势

身体自然立正，两脚之间约一拳的距离，脚尖向前；两手松垂于身体两侧，指尖向下。目视正南方。（图1-1）

动作要点：心静专注，全身各关节、肌肉松沉，气向下沉。胸腹蓬松宽实，身法中正安舒，不可前俯后仰、左歪右斜。此意念贯穿于整套动作中，是练习武氏太极拳的要点。

图1-1

起势

图1-2

左脚向左平移半步，两脚与肩同宽，脚尖平行。同时两手掌划一小立圆，掌心向下按，五指向前，位于身体两侧。双膝微屈，脊柱正直，做到提顶吊裆、松肩沉肘、含胸拔背、气沉丹田。（图1-2）

动作要点：双掌下按时两腋下含空，胸外侧与手臂内侧约一拳距离，此称之为虚腋。小腹有上翻之意。以后各姿势皆要如此。

第1式　左懒扎衣

动作一：接起势。右腰眼托住左腰眼，左胯微向后旋，身体调正。同时两手向内、向上划弧，左手高与鼻尖平，右手高与胸平。左脚向内移半步，脚尖点地，成右实左虚步（为起势）。（图1-3）

动作二：重心位于右腿，右脚不动，左脚向左前方45°迈一步，脚跟着地，脚尖向上（为承势）。（图1-4）

图1-3

图1-4

动作三：右脚跟蹬地，推动身体重心慢慢前移，成左弓步，身体向正东南方摆正。两掌同时划弧前推，掌型基本不变。目视左手前方（为开势）。（图1-5）

动作要点：虚领顶劲，丹田充实，起势饱满，腰脊正直。鼻尖、左脚尖、左手尖对齐，做到外三合，即脚与手合、肘与肩合、肩与胯合。

图1-5

第2式 右懒扎衣

动作一：接上式。右腰眼前推，左腰眼后撤，右脚向前跟步，脚尖点地，重心前移，成左实右虚步。接着左脚跟转动，脚尖内扣45°（向西南方）迈出，脚跟先着地，同时右手上旋，高与鼻尖相平，左手下移置于左胸前，两手掌上下互换。目视右手前方（为合势）。（图1-6、图1-7）

图1-6

图1 7

动作要点：在跟步时要以腰胯的旋转带动步法，右脚前跟定位时，两脚之间要有一脚之距，以便灵活变换虚实。一定要踏实脚跟拧地，脚尖外摆内扣。

动作二： 左脚跟蹬地，推动身体重心慢慢前移，右脚尖慢慢踏平，成右弓步，膝盖不可超过脚尖。两掌同时划弧前推，两手竖腕坐掌，抱斜圆于胸前，左手低、右手高，两手臂内含，尽量保持圆满，并有外撑内合之意，掌型不变。目视右手方向。（图1–8）

图1–8

动作要点： 身体正直，气势饱满，鼻尖、右脚尖、右手尖三尖相对齐。与左懒扎衣要点相同，方向相差约90° 。

第3式　单鞭

动作一： 接上式。右腰眼后旋，左腰眼前转，带动左脚向前跟半步，脚尖点地，成右实左虚步。右手微下旋，左手微上转（为合势，吸气）。（图1–9）

动作二： 以右脚跟为轴，脚尖内扣45° 左右，两手合抱于胸前（为起势，沉气）。（图1–10）

图1–9

图1–10

动作三： 上身不变，左脚向左平移半步，脚跟先着地，重心仍在右腿（为承势）。（图1–11）

动作四： 右脚跟蹬地，推动身体重心慢慢移向左腿，成左弓步，同时左、右手向两边分开。目视左手方向（为开势，呼气）。（图1–12）

图1–11

图1–12

动作要点： 右脚内扣要到位，脚跟蹬地，身体慢慢转向东方。以腰胯的拧转推动两掌左右分开，分掌后左手微高，掌根与左肩平，右掌微低，指尖与肩平。

第4式　提手上势

接上式。左脚尖内扣90°左右，身体重心移向左腿，右手向下划弧，位于右胯前上侧，右脚收回半步，脚尖点地，成左实右虚步。同时，左手掌微微上抬，掌心向斜上方，位于左耳外侧，重心位于左腿并屈膝下蹲。目视西南方。（图1–13、图1–14）

图1–13

图1–14

第5式　白鹤亮翅

动作一： 接上式。两手上下交换，右手向上划弧，掌心向外，五指向左，位于额头前上方30厘米处；左手竖腕坐掌，五指向上，掌心向右，位于左胸前30厘米处。此时身体重心仍在左腿。目视左手掌前方。（图1–15）

动作二： 双掌保持不变，右脚向右前方迈出一步，脚跟着地，接着左脚跟蹬地，推动身体重心慢慢前移，右脚掌慢慢踏平，逐渐成右弓步。目视双手中间前方。（图1–16、图1–17）

图1–15

图1–16

图1–17

动作要点： 身体调正，双手摆好位置后，互不逾越中线。双掌保持外撑内合，有上撩前推之意。

第6式　左搂膝拗步

动作一：接上式。右腰眼微后撤，左腰眼微前推，双手向下移，同时身体重心移向右腿，右脚脚跟拧地，脚尖内扣45°左右，左脚跟随内旋，身体转向正东方，成右实左虚步。左手位于左胯前外侧，掌心向下，五指斜向前方，右手竖腕坐掌于右肩前侧。目视正东方。（图1–18、图1–19）

动作二：右脚不动，左脚向左上方迈步，脚跟先着地，左手在左胯前外侧，右手在右肩前。接着，右脚跟蹬地推动身体重心慢慢前移，成左弓步，以右腰胯之劲推动右掌前推。目视右手掌前方。（图1–20、图1–21）

图1–18

图1–19

图1–20

图1–21

动作要点：右手推出时不超过左脚脚尖，手掌高度与鼻尖平，微向左侧。右腰胯前推之劲须贯穿双掌之中。

第7式　左手挥琵琶

动作一：接上式。身体重心移向左脚，同时左手上抬、下按、回捋，位于胸前，接着右脚向前跟步，位于左脚后内侧，成左实右虚步。（图1-22、图1-23）

动作二：右虚步再撤回原位，腰胯由左向右旋转带动双手臂外捋、下按、回带，重心后移，由左前弓步变为右后弓步。目视双掌方向。（图1-24、图1-25）

图1-22

图1-23

动作要点：回捋、下按、外带应避开自身中心线，双臂有外撑之劲，有退中有进之感。

图1-24

图1-25

第8式　左搂膝拗步

动作一：接上式。右腰眼微后撤，左腰眼微前推，双手向下移；同时身体重心移向右腿，右脚脚跟拧地，脚尖内扣45°左右，左脚跟随内旋，身体转向正东方，成右实左虚步。左手位于左胯前外侧，掌心向下，五指斜向前方；右手竖腕坐掌于右肩前侧。目视正东方。（图1–26）

动作二：左脚向左前方迈步，脚跟先着地，左手在左胯前外侧，右手在右肩前。接着，右脚跟蹬地推动身体重心慢慢前移，成左弓步，以右腰胯之劲推动右掌前推。目视右手掌前方。（图1–27、图1–28）

图1–26

图1–27

图1–28

动作要点：要求推掌、蹬脚、转腰同时进行，命门后撑，脊柱竖直。

第9式　右搂膝拗步

动作一：接上式。左腰眼后撤，右腰眼前推，带动右脚向前跟步，脚尖点地，仍为左实右虚步。右手向下划弧，掌心向下，指尖向前，位于右胯外侧；左手向上划弧，竖腕坐掌，五指向上，位于左肩前侧。（图1-29）

动作二：左脚尖微外摆，右脚向前迈步，脚跟先着地，脚尖翘起。随后左脚跟蹬地，推动身体重心慢慢前移，成右弓步。目视左手前方。（图1-30、图1-31）

图1-29

图1-30

动作要点：左手推掌时不超过右脚尖，右手臂腋下应有一拳之距，右手掌向外旋拔，左手掌有前推之意，并有整体之感。

图1-31

第10式 上步搬拦捶

动作一：接上式。右腰眼微后撤，身体重心微下沉，同时右手掌变拳，拳心向上，位于小腹前上侧，此式为搬。左手竖腕坐掌，位于左胸前。（图1-32）

动作二：随后，左脚向前跟步，脚尖点地。调整身体重心后，左脚再向前迈步，同时，左手掌向下按，手指向右。此式为拦。（图1-33、图1-34）

图1-32

图1-33

图1-34

动作三：右脚跟蹬地，推动身体重心前移，成左弓步，同时，右拳由拳心向上变为拳心向下，从左手掌背上打出（螺旋拧出打拳）。此式为捶。目视右拳前方。（图1-35）

动作要点：按掌、拧腰、打拳要协调配合，由下而上贯穿拳头，由螺旋劲运行。右拳不超过左脚尖，头要正直，虚领顶劲，命门后撑。

图1-35

第11式　六封四闭

动作一： 接上式。右拳变掌，手指向前，左手向左微分开，手指向前；两掌与肩同宽，双手下按，肩肘向下松沉。接着，腰胯微左转，重心转向左腿，右腿向前跟半步，脚尖点地，位于左脚后内侧。（图1–36）

动作二： 然后，右腿退回原位，身体重心后移，同时两手下按、回捋。（图1–37）

图1–36

图1–37

动作三： 当重心移到右腿时，随即将左脚带回，脚尖点地，成右实左虚步。目视两手前方。（图1–38）

动作四： 左腿虚步再向前迈出，脚跟着地，脚尖翘起，随即两手掌以弧形下按、前推。（图1–39）

图1–38

图1–39

动作五：右脚跟蹬地，推动身体重心前移成左弓步，同时双手掌下按呈弧形状前推。目视双手前方。（图1–40）

动作要点：回捋、前推要以腰胯带动双手，来回要做弧形运动。在推手后双掌不可超出脚尖，步法可大可小，以舒适为宜，双掌推出时应脊柱挺直，有提顶吊裆之意。脚下蹬，头上顶，命门后撑，两臂外撑内合，双掌前推，形成上下、前后、左后对应，支撑八面混元之劲。

图1–40

第12式　抱虎归山

动作一：接上式。右脚向前跟半步，脚尖点地，位于左脚跟后侧一脚之距，右手横掌下按，左手竖腕坐掌位于胸前。接着以左脚跟拧地，脚尖内扣135° 左右，右脚尖点地随之旋转，身体有向后旋180° 左右之意。目视左手方向。（图1–41、图1–42）

图1–41

图1–42

动作二： 右腿向前迈出，脚跟着地，脚尖翘起，随即左脚跟蹬地推动身体重心前移，成右弓步。右手掌心向下按旋转，左手竖腕坐掌前推。目视左手方向。（图1-43、图1-44）

动作要点： 身体向后整体旋转180° 左右，左脚跟拧地，脚尖内扣时重心要稳。

图1-43

图1-44

第13式　右手挥琵琶

动作一： 接上式。右手上抬、下按，微高于左手，位于右肩前上侧，竖腕坐掌，左手在右手下侧下按，同时左脚前带，脚尖点地，成右实左虚步。（图1-45）

动作二： 随后，左脚撤回原位，身体重心慢慢后移，两手掌位于胸腹前，有向右下按、回捋、外带之意。目视两手掌前方。（图1-46、图1-47）

动作要点： 在回带时要以腰胯带动两掌，回捋时要避开自身中心线，意感退中有进。

图1-45

图1-46

图1-47

第14式　右懒扎衣

动作一：接上式。重心移到左腿时再带回右腿，脚尖点地，成左实右虚步。（图1-48）

动作二：右脚向右前方迈步，脚跟着地，脚尖翘起，接着左脚跟蹬地推动身体重心前移成右弓步。目视右手中指正前方。（图1-49、图1-50）

图1-48

图1-49

图1-50

动作要点：脚步要稳，右脚尖有内扣之意，双掌有斜抱立圆前推之感。

第15式　单鞭

动作一： 接上式。左腰眼后旋，右腰眼前转，右胯托起左胯，带动右脚向前跟半步，脚尖点地，成右实左虚步；右手微下旋，左手微上转。以右脚跟为轴，脚尖内扣45°，两手合抱于胸前。（图1-51、图1-52）

动作二： 上体不变，左脚向左平移半步，脚跟先着地，重心仍在右腿。右脚跟蹬地，推动身体重心慢慢移向左腿，成左弓步；同时左右手向两边分开。目视左手前方。（图1-53、图1-54）

图1-51

图1-52

图1-53

图1-54

动作要点： 蹬腿转腰、磨胯、双手分掌同时进行，左手掌微高于右手掌。

第16式 提手上势

动作一：接上式。左手基本不变，腰向左转，带动右手向下划弧，位于右小腹前，掌心向下，五指向前。（图1–55）

动作二：随后身体重心前移，带动右脚向左前方跟步，脚尖点地。重心位于左腿，成左实右虚步。左手上撩，右手有下按之意。目光平视前方。（图1–56）

图1–55

图1–56

第17式 迎面掌

动作一：接上式。右手翻掌向上，五指向前。左手掌心向前，五指向上，位于左肩前方。右脚向东南迈步，脚跟着地，脚尖翘起。（图1–57）

图1–57

动作二：上体基本保持不变，意贯双掌。然后左脚蹬地推动身体重心前移，成右弓步。目视左手掌前方。（图1-58）

动作要点：右手臂腋下不可夹紧，应有可放一拳之距；双手有右手托肘插肋、左手掌击打对方面部之意。

图1-58

第18式　肘底看捶

动作一：接上式。右脚不动，臀部坐稳，右手掌变拳，拳心向内，拳眼向上，同时左脚向前上步，脚尖点地，仍成右实左虚步。（图1-59）

动作二：左手掌斜向上托起，掌心向前，位于左肩前上侧。左脚再向前迈步，脚尖点地，同时右拳拳心向内，打向左肘下侧。目视左手掌前方。（图1-60）

图1-59

图1-60

动作要点：右腿支撑，臀部坐稳，腰胯左旋推动右拳打击。在意念上，左手掌托对方下巴或咽喉处，右拳击打其肋部，左膝顶踢其裆部。

第19式　倒撵猴（一）

动作一： 接上式。左脚向后撤步，右手由拳变掌，竖腕坐掌位于右肩膀前上侧，左手向下划弧，位于左腹前上侧，掌心向下。同时右脚跟拧地，脚尖内扣135° 左右，身体随之向左后方转动。腰、胯、肩、膝部同时向左旋转，左脚尖点地，脚跟内旋。目光平视左手方向。（图1–61、图1–62）

图1–61

图1–62

动作二： 左脚向前迈步，脚跟着地，脚尖翘起，两掌有前推后带之意。（图1–63）

动作三： 右脚跟蹬地推动身体重心前移，成左弓步，两手臂同时有外推之意。（图1–64）

动作要点： 两手掌前推不超过左脚尖，两腋下虚空，内含有一拳之距。有外带前推之意。

图1–63

图1–64

倒撵猴（二）

动作一：左腰眼微后撤，带动右脚前移，脚尖点地，成左实右虚步。同时两手上下互换，右手在胸前，掌心向下，手指向左，左手竖腕坐掌，位于左胸前。接着，右虚步向后撤半步，成后交叉步。（图1–65、图1–66）

动作二：左脚跟拧地内旋，脚尖内扣270° 左右；同时身体随之旋转，仍成左实右虚步，由西北方转向西南方。（图1–67）

动作三：右脚向前迈步，脚跟着地；接着，左脚跟蹬地推动身体重心前移，成右弓步，两手基本不变。目视左手方向。（图1–68、图1–69）

图1–65

图1–66

图1–67

图1–68

图1–69

动作要点：两肩松沉，两肘下坠，不可抬肘，保持腹部撑圆饱满。左脚跟拧地270° ，注意身体要平稳。

倒撵猴（三）

动作一：右脚不动，右腰眼微后撤，带动左脚前移，脚尖点地。同时两手上下互换，左虚脚向后撤半步，成交叉步，右脚脚跟拧地旋转，脚尖内扣270°，身体随之旋转，仍为右实左虚步。目视右手前方。（图1-70~图1-72）

动作二：左脚向前迈步，脚跟着地，然后右脚跟蹬地推动身体重心前移，成左弓步。目视右手中指尖前方。（图1-73、图1-74）

图1-70

图1-71

图1-72

图1-73

图1-74

动作要点：立身中正，左手下按前推，右手弧形前推。

倒撵猴（四）

动作一：左腰眼微后撤，带动右脚前移，脚尖点地，成左实右虚步。同时两手上下互换，右手在胸前，掌心向下，手指向左，左手竖腕坐掌，位于左胸前。接着，右虚腿向后撤半步，成交叉步。（图1–75、图1–76）

动作二：左脚跟拧地旋转，脚尖内扣270° 左右，同时身体随之旋转，成左实右虚步，面向西南方。（图1–77）

图1–75

图1–76

图1–77

动作三：右脚向西南方迈步，脚跟着地、脚尖翘起，接着左脚跟蹬地推动身体重心前移，成右弓步，两手基本不变。目视左手前方。（图1–78、图1–79）

动作要点：两手臂似合抱圆球之饱满，不要松懈。

图1–78

图1–79

第20式　右手挥琵琶

动作一：接上式。两手上下交换，掌心向下；同时上左脚，脚尖点地，仍是右实左虚步。（图1-80）

动作二：调整身体重心后移，左虚脚再撤回原位，成左弓步。（图1-81）

图1-80

图1-81

动作三：两手掌向斜后方下带外捋，右手掌心向下，位于右胯前，左手掌位于左肩前侧。腰部带动身体向左转，带回右脚，脚尖点地，成左实右虚步。目视前方。（图1-82）

图1-82

动作要点：回捋、外带、下按应避开自己的中心线，意念退中有进、进中有退，双手有按对方手臂之感。

第21式 白鹤亮翅

动作一：接上式。两手掌上下交换，右手向上划弧，掌心向外，五指向左，位于额头前上方30厘米左右处；左手竖腕坐掌，五指向上，位于左胸前30～40厘米处。此时身体重心在左腿，仍是左实右虚步。目视左手掌方向。（图1–83）

动作二：身体调正，右脚向前方迈出一步，脚跟着地，接着左脚跟蹬地推动身体重心慢慢前移，右脚掌慢慢踏平，成右弓步。目视正前方。（图1–84、图1–85）

图1–83

图1–84

图1–85

动作要点：右手掌上抬时，右肩仍向下沉坠，形成上下对拉劲。左右手同时前推。

第22式　左搂膝拗步

动作一：接上式。右腰眼微后撤，双手向下移，同时身体重心移向右腿，右实脚脚跟拧地，脚尖内扣120° 左右；左虚脚跟随内旋，身体转向正东方，成右实左虚步。左手位于左胯前外侧，掌心向下，五指斜向前；右手竖腕坐掌于右肩前侧。目视正前方。（图1–86、图1–87）

图1–86

图1–87

动作二：左脚向前迈步，脚跟着地，左手掌在左胯前外侧，右手在右肩前。右脚跟蹬地，推动身体重心前移成左弓步，右掌前推。目视右手掌前方。（图1–88、图1–89）

动作要点：右手推出时不超过左脚脚尖，右手掌高与鼻尖平，右腰眼前旋，劲力贯穿双掌之中。

图1–88

图1–89

第23式 左手挥琵琶

动作一：接上式。身体重心移向左脚，同时左手上抬下按，回捋在胸前，然后再将右脚向前跟步，位于左脚后内侧。（图1-90）

动作二：右脚随即再撤回原位，腰胯由左向右旋转，带动双手外捋、下按、回带，重心后移由左腿转向右腿。目视双掌方向。（图1-91）

图1-90

图1-91

动作要点：两手臂皆为弯曲，两腋下虚空，整体以腰胯带动。

第24式 按势

动作一：接上式。右实脚脚跟拧地，脚尖内扣；左脚尖点地微向前，左脚撤回，与肩同宽。右手竖腕坐掌位于胸前；左手位于左胯外侧，掌心向上，五指向后。目视右手方向。（图1-92）

图1-92

动作二：双膝微屈下蹲，右腿实，左腿虚，左脚尖点地。右手斜竖侧掌下按，掌心向左；左手在左胯外侧，手指向后，手心向上。头要正直，目视斜下方。（图1-93）

动作要点：下蹲时，重心落在右腿上，头与脊柱要挺直；两肩仍保持平衡，有右手下按、左手上撩之意。

图1-93

第25式 青龙出水

动作一：接上式。右脚蹬地推动身体上起，左手位于左肩前侧，掌心向前，手指向上；右手横侧掌，位于额头前上侧，与额头保持一掌间距，掌心向斜前方，手指向前。目视左手方向。（图1-94）

动作二：两手基本不动，左虚脚向前迈一步，脚跟着地。（图1-95）

动作三：右脚跟蹬地推动身体重心向前移，成左弓步。（图1-96）

图1-94

图1-95

图1-96

动作四： 两脚跟同时由左向右拧转，左脚尖内扣，右脚尖外摆120° 左右，身体由面向东方转向西方，身体旋转180° 左右。（图1–97、图1–98）

动作五： 左脚跟蹬地，推动身体重心由左腿移向右腿，成右弓步。两手掌在额头上方由左向右划大弧。目视右手前方。（图1–99）

图1–97

图1–98

图1–99

动作要点： 身体由左向右旋转时，脊柱要正直，两脚跟同时拧地，整体向后旋转180° ，意想对方用力向我冲拳猛击过来，我顺势将对方由左向右方推出。

第26式　三涌背

动作一： 接上式。右腰眼微后撤，带动右腿后撤半步，脚尖点地。同时，两手由上向下划弧于胸前，掌心向下，随后右虚步再向后撤半步。（图1–100、图1–101）

图1-100

图1-101

动作二：右腰眼微后撤，带回左脚，脚尖点地，成右实左虚步。目视左手指尖方向（即西北方）。（图1-102、图1-103）

图1-102

图1-103

图1-104

图1-105

动作三：调整身体重心后，左脚再向前迈出，脚跟着地，然后右脚跟蹬地，推动身体重心前移成左弓步；两手掌同时划弧前推。目视手指方向。（图1-104、图1-105）

动作四：右腰眼微后撤，带动右脚前跟步，脚尖点地，同时两手掌前后交换，有外带、下按之意。（图1-106）

动作五：随后，右虚脚向右前方迈步，脚跟着地，脚尖翘起，左脚跟蹬地推动身体重心前移，再成右弓步。目视右手方向。（图1-107、图1-108）

图1-106

图1-107

图1-108

动作要点：后撤三个半步，前进三个半步，脚与双手要配合协调。进退成半圆弧形，似大海波浪汹涌澎湃（注：外形近似懒扎衣动作，但内劲和方向不同）。

第27式 单鞭

动作一：接上式。右腰眼后旋，左腰眼前转，带动左脚向前跟半步，脚尖点地，成右实左虚步；右手微下旋，左手微上转。（图1-109）

图1-109

动作二： 以右实脚跟为轴，脚尖内扣45°，脚跟拧地带动身体左转，两手合抱于胸前。（图1–110）

动作三： 上体不变，左脚向左平移半步，脚跟先着地，重心仍在右腿。（图1–111）

动作四： 右脚跟蹬地，推动身体重心慢慢移向左腿，同时左、右手向两边分开，成左弓步。目视左手前方。（图1–112）

图1–110

图1–111

图1–112

动作要点： 右脚内扣要到位；脚跟蹬地，以腰胯的拧转推动两掌左右分开，分掌后左手微高，左掌跟与左肩平；右掌微低，右指尖与右肩平。

第28式 云手（一）

动作一： 接上式。右腰眼微后撤，重心移向右腿，同时左手由上向下划弧，位于腹部前侧，掌心向下。左脚尖随身体右转内扣90°左右。（图1–113）

图1–113

动作二：左脚带回右脚内侧，脚尖点地，两脚之间保持有一脚之距。左手再向前划弧至胸前，竖腕坐掌，掌心斜向外；右手位于小腹前上侧，掌心向上。（图1–114）

动作三：左腿再向前迈一步，右脚跟蹬地，推动身体重心前移上拔，成左弓步；双手掌抱圆向斜上方撑劲。目视左手方向。（图1–115）

动作四：两掌上下交换，左手由上向下划弧至腹前且掌心向上，右手由下向上划弧至微高于右肩。同时，左脚尖内扣135°左右，脚跟拧地带动身体向右旋转，右虚脚回收，并有上拔之意。目视右手方向。（图1–116、图1–117）

图1–114

图1–115

图1–116

图1–117

动作要点：向右旋转时右手在上，左手在下；向左旋转时左手在上，右手在下。脚跟蹬地，上拔之劲力达手臂及全身。

云手（二）

动作一：两手掌上下交换，左手竖腕坐掌，掌心向外位于左肩前侧，右手掌心向上位于小腹前，双掌合抱撑圆。同时，两腿虚实交换，腰向左转，左脚向左前方迈步，然后右脚跟蹬地推动身体重心前移，成左弓步。（图1–118、图1–119）

动作二：重心位于左腿，左脚跟拧地，脚尖内扣，带动身体向右旋转，同时两手上下互换。目光平视右手上方。（图1–120）

图1–118

图1–119

图1–120

动作三：左脚脚尖内扣120°左右，身体随之旋转；左脚跟蹬地推动身体劲路上拔，劲路走向左手臂，有上掤之意。（图1–121）

动作四：重心由左腿转向右腿，落实后右脚尖内扣135°左右。同时，双掌上下交换，右手在上斜侧掌位于右肩前，掌心向外；左手位于小腹前，掌心向上。（图1–122）

图1–121

图1–122

云手（三）

动作一：两手掌上下交换，合抱于胸前，同时两腿虚实交换。腰向左转，左脚向左前方迈步，然后右脚跟蹬地推动身体重心前移，成左弓步。（图1-123、图1-124）

图1-123

图1-124

动作二：重心位于左腿，左脚跟拧地，脚尖内扣，带动身体向右旋转，同时两手上下交换。目光平视右手上方。（图1-125）

动作三：左脚尖内扣120°左右，身体随之旋转；左脚跟蹬地推动身体劲路上拔，劲路走向双手臂，有上掤之意。（图1-126）

图1-125

图1-126

动作四：重心由左腿移向右腿。同时，双掌上下交换，右手在上斜侧掌位于左肩前，掌心向外；左手位于小腹前，掌心向上。（图1-127）

动作要点：云手动作连续重复三次，右脚为收步，左脚为进步，各三次向东移动。左右旋转时上身要正直。左右手上下互换时腋下保持有一拳之距，不可夹紧。向右转时右手在上，左腿劲上拔传向右手臂；向左转时左手在上，腰胯劲上拔传向左手臂。

图1-127

第29式　单鞭

动作一：接上式。右腰眼后旋，左腰眼前转，带动左脚向前跟半步，脚尖点地，成右实左虚步。右手微下旋，左手微上旋。以右脚跟为轴，脚尖内扣45°，两手合抱于胸前。（图1-128）

动作二：上体不变，左虚脚向左平移半步，脚跟先着地，重心仍在右腿。（图1-129）

图1-128

图1-129

动作三： 右脚跟蹬地，推动身体重心慢慢移向左腿，成左弓步，同时左右手向两边分开。目视左手方向。（图1–130）

图1–130

第30式　提手上势

动作一： 接上式。左手基本不变，腰向左转，带动右手向下划弧，位于右小腹前，掌心向下，五指向前。（图1–131）

动作二： 随着身体重心前移，带动右脚向左前方跟步，脚尖点地，重心位于左腿，成左实右虚步。左手上撩，右手有下按之意。目光平视前方。（图1–132）

图1–131

图1–132

第31式　左高探马

动作一：接上式。上体基本不变，右手翻掌，掌心向上，手指斜向前，位于腹部前侧。（图1–133）

动作二：右脚向左前45°方向（东南方）迈步，脚跟先着地，脚尖翘起。左手掌心向前，手指向上，位于左胸前侧；右手掌心向上，五指向前，位于腹前侧。随后左脚跟蹬地，推动身体重心前移，成右弓步。目视左手掌前方向。（图1–134、图1–135）

图1–133

图1–134

图1–135

动作要点：右手有托肘插肋之意，左手有搭腕击胸之意。

第32式　右高探马

动作一： 接上式。重心前移至右腿，左脚跟步，重心仍在右腿，左脚尖点地。双手上下翻转后，右手在上，左手在下，双掌上下斜相对。（图1-136）

动作二： 左脚向左前方45°（东北方）迈步，脚跟着地，脚尖翘起，然后右脚跟蹬地推动身体重心前移成左弓步。目视右手掌前方。（图1-137、图1-138）

图1-136

图1-137

图1-138

动作要点： 脊柱正直，右脚后蹬地，劲贯双掌，左手有托肘插肋之意，右手有托腕击胸之意。

第33式　右起脚

左脚不动，左腰眼后撤，右腰眼前推。右手掌在胸前划弧线，掌心斜向前；同时带动右脚前跟步，成左实右虚步；而后身体微下蹲，两手掌微划弧，左手位于左肩外侧，右手竖腕坐掌，与右脚尖同一方向，随后带起左脚上抬，脚尖绷直向东南方向起脚。目视右脚方向。（图1-139、图1-140）

图1-139

图1-140

动作要点：右脚、右手方向一致同时起落，左腿重心要稳定，上身保持平衡。

第34式　左起脚

接上式。右脚落步位于左脚的后内侧，脚掌落平后变成实腿；随后左脚回收，变为右实左虚步，左手与左脚方向一致。右手位于右肩外侧，竖腕坐掌；左手微向上划弧，带起左脚向上抬起，脚尖绷直。目视左手左脚方向。（图1-141~图1-143）

图1-141

图1-142

图1-143

动作要点：左右起脚时脚尖要绷直，以实腿蹬地形成一个整体，有踢挑对方裆部之意，实脚抓地要稳固。

第35式　转身踢一脚

动作一：接上式。左脚下落时，落向右脚的后侧；随后右脚跟拧地，脚尖内扣，从左手方向转身180°，转向西方，重心坐于右腿（仍为实腿）。（图1-144、图1-145）

动作二：左脚尖点地，成右实左虚步。双手掌手指向上，竖腕坐掌。左脚尖绷直，向上猛踢，左手与左脚方向一致；右脚蹬地独立，右手在右肩外侧。目视左脚尖方向。（图1-146、图1-147）

图1-144

图1-145

图1-146

图1-147

动作要点：

左脚上踢速度要快而有力，右脚支撑全身要稳。

第36式 践步栽捶

动作一： 接上式。左脚向前方迈一步，紧接着，左脚再快速用力蹬地，双脚向前跳起。右脚迅速跟至左脚位置（称为践步），左脚再快速向前迈一步，成右实左虚步。眼看左手掌前方（西方）。（图1-148、图1-149）

动作二： 左虚脚向前迈步，左手向左下侧划弧至左膝外侧；右脚跟蹬地推动身体重心前移成左弓步，右手由掌变拳击向前下方，有击打对方裆部之意。（图1-150）

图1-148

图1-149

图1-150

动作要点： 起身要快，落步要稳，跟脚不要急，践步有力，一气呵成。

第37式 翻身二起脚

接上式。左脚蹬地，推动身体重心上起翻身后，右脚可向右调30厘米左右，两腿摆顺位置。同时，再从右手方向转身180°，转回面向正东方，右手在前，左手在后。左脚跟蹬地，重心再向前移成右弓步，同时右手向下划弧，左手向上猛力抬起，与左腿同时抬起。紧接左腿快速上抬，带起右脚绷直，向上猛踢，同时右手掌拍打右脚面。双脚腾空离地而起。（图1-151～图1-153）

图1-151

图1-152

图1-153

动作要点：身体上跳速度要快，劲力要猛，有拍打对方头部之意。

第38式　披身

接上式。左脚先落地，右脚紧接落向左脚的位置上，左脚迅速跳起再向后撤一步。两手掌由前向后捋带（右手在前上方，左手在后下方），重心由右腿移向左腿，成左弓步。目视两手掌方向。（图1–154、图1–155）

图1–154

图1–155

动作要点：双手在回捋时要有抓拿对方的腿脚之意，跳起要轻灵，落地要沉稳。

第39式　伏虎式

动作一：接上式。当两掌回捋到前胸时，快速由掌变拳，拳心上下相对，相距40厘米左右。（图1–156）

图1–156

动作二：右腰眼后撤，同时两拳上下翻转，变为右拳在上、左拳在下，仍是拳心相对。右脚向后再撤一大步，变为右实左虚步。目视两拳前方。（图1–157、图1–158）

图1–157

图1–158

动作要点：两拳的上下翻转，要用腰胯之劲协调配合。双拳相对之意是拧抓对方踢脚，快速抓其脚尖与脚跟，撤步将对方拧翻。

第40式　踢一脚

接上式。两手由拳变掌，竖腕坐掌前后分开，左手与左脚同一方向，同时左脚提膝上踢。目视左手掌方向。（图1–159 ~ 图1–161）

图1–159

图1–160

图1–161

动作要点：踢脚时身体重心要稳，脚尖绷直，劲贯脚尖，双掌同时配合协调。有踢蹬对方大腿以及裆部之意。

第41式　转身蹬一脚

动作一：接上式。踢脚后，左脚向右脚前外侧迈步，成交叉步，左腿委中穴压在右腿膝盖上。两手掌竖起在左胸前。（图1-162）

动作二：重心位于左腿上，右脚尖点地。左手掌在左肩外侧，右手掌在右胸前。目视右手前方。（图1-163）

动作三：左腿下沉蹬地，身体重心坐稳后，带动右腿上抬，脚尖翘起，向前蹬出；双掌协调配合，同时前后分开。目视右手方向。（图1-164、图1-165）

图1-162

图1-163

图1-164

图1-165

动作要点：屈膝外蹬，脚尖内钩，意在脚跟，用右脚跟快速向外蹬出，蹬对方大腿内侧或胸腹部。

第42式 上步搬拦捶

动作一：接上式。右脚蹬出后落步并向东南方进步，脚跟先着地，脚尖翘起，同时右掌变拳，拳心向上位于右腹前，左手竖腕坐掌，位于右拳内侧。此动作为“搬”。（图1-166）

动作二：随后，左脚向前跟步，脚尖点地。调整身体重心后，右脚再向前迈步，同时，左手掌向下按，手指向左。此动作为“拦”。（图1-167、图1-168）

动作三：右脚跟蹬地，推动身体重心前移，成左弓步；同时，右拳由拳心向上变为拳心向下，从左手掌背上打出（螺旋拧出打拳）。目视右拳方向。此动作为“捶”。（图1-169）

图1-166

图1-167

图1-168

图1-169

第43式　六封四闭

动作一：接上式。右拳变掌，手指向前，左手向左微微分开，手指向前；两掌与肩同宽，同时下按，肩肘向下松沉。接着，腰胯微微左转，重心转向左腿，右腿向前跟半步，脚尖点地，位于左脚后内侧。然后，右腿退回原位，身体重心后移，同时两手下按、回捋。（图1-170～图1-172）

图1-170

图1-171

图1-172

动作二：当重心移到右腿时，随即将左脚带回，脚尖点地，成右实左虚步。目视两手前方。左虚步再向前迈出，脚跟着地，脚尖翘起，随即两手掌以弧形下按、前推。右脚跟蹬地，推动身体重心前移成左弓步，同时双手掌下按呈弧形状前推。目视双手前方。（图1-173、图1-174）

图1-173

图1-174

第44式　抱虎归山

动作一：接上式。右脚向前跟半步，脚尖点地，位于左脚跟后侧一脚之距。右手横掌下按，左手竖腕坐掌位于胸前；接着以左脚跟拧地，脚尖内扣135°左右，右脚尖点地随之旋转，身体有向后旋转180°左右之意。目视左手方向。（图1–175）

动作二：右腿向前迈步，脚跟着地，脚尖翘起；随即左脚跟蹬地推动身体重心前移，成右弓步。右手掌心向下按并旋转，左手竖腕坐掌前推。目视左手方向。（图1–176～图1–178）

图1–175

图1–176

图1–177

图1–178

动作要点：左手竖腕坐掌，右手横腕按掌，双手臂在胸前保持撑圆、抱圆，气势饱满，后带前推。

第45式　右手挥琵琶

动作一：接上式。右手上抬、下按，微高于左手，同时左脚前带，脚尖点地，成右实左虚步。（图1-179）

动作二：随后，左脚撤回原位，身体重心慢慢后移；两手掌有下按、回捋、外带之意。目视两手掌方向。（图1-180、图1-181）

图1-179

图1-180

图1-181

第46式　右懒扎衣

接上式。重心移到左腿时再带回右腿，脚尖点地，成左实右虚步；两掌位于胸前。右脚向右前方迈步，脚跟着地，脚尖翘起；接着左脚跟蹬地推动身体重心前移成右弓步。目视右手中指正前方。（图1–182、图1–183）

图1–182

图1–183

动作要点：前进后退时脊柱竖直，双手臂在胸前保持圆活饱满。

第47式　斜单鞭

动作一：接上式。腰微向右转，左脚向右脚内侧跟步，脚尖点地；随后右脚尖内扣60°左右，调整身体重心仍成右实左虚步，双掌合抱于胸前。（图1–184）

图1–184

动作二： 左脚向左前方（东南方）45° 迈步，脚跟先着地，然后右脚跟蹬地，推动身体重心移向左腿成弓步；同时双掌左右分开，左手微高，右手微低。目视左手方向。（图1-185、图1-186）

动作要点： 斜单鞭方向为由西北再转向东南方向，两个斜角左右分开，要领与其他单鞭相同，唯独角度不同。

图1-185

图1-186

第48式　野马分鬃（一）

动作一： 接上式。左腰眼前旋，右腰眼后撤，重心逐渐移向右腿，成左弓步。右手不变，左手向下划弧位于左胯前，掌心向下。（图1-187、图1-188）

图1-187

图1-188

动作二：随后，左脚带回到右脚内侧，脚尖点地。然后，左右手上下翻转，左手在上，掌心向外；右手在右腹前，掌心向上，五指斜向前。（图1–189）

动作三：左虚脚再向西南方向迈步，脚跟先着地，脚尖翘起；随后右脚跟蹬地，推动腰胯向左旋转，成左弓步。目视左手臂方向。（图1–190、图1–191）

图1–189

图1–190

图1–191

动作要点：手和脚要同时协调配合、上下一致。野马分鬃共四个动作，两个角度即西南方和西北方。

野马分鬃（二）

动作一：两手掌上下交换，右手在上，位于右肩前上侧，掌心向外；左手在下，位于腹部前侧，掌心向上。（图1-192）

动作二：右脚向右前方（西北方）迈步，脚跟先着地，脚尖翘起；然后左脚跟蹬地推动身体重心前移，成右弓步。目视右手臂方向。（图1-193、图1-194）

图1-192

图1-193

图1-194

野马分鬃（三）

动作一：重心再移到右腿时，左脚再向前跟步，脚尖点地位于右脚内侧。两手划弧上下交换，左手在上，掌心向外；右手在下位于小腹前，掌心向上。（图1-195、图1-196）

动作二：调整身体重心后，左脚再向左前方（西南方）迈步；右脚跟蹬地推动身体重心前移成左弓步，并向左微转腰。两手臂基本不变。目视左手臂方向。（图1-197、图1-198）

图1-195

图1-196

图1-197

图1-198

野马分鬃（四）

动作一：左腰眼后撤，右腰眼前推，重心移向左腿。右脚再向左脚内侧跟步，同时两手上下交换，右手位于右肩前侧，掌心斜向下；左手位于腹前，掌心向上。（图1-199）

动作二：右脚向右前方（西北方）迈步，脚跟先着地；然后左脚跟蹬地，推动身体重心前移成右弓步；双手基本保持不变。目视右手臂方向。（图1-200~图1-202）

图1-199

图1-200

图1-201

图1-202

第49式　单鞭

动作一：接上式。右腰眼后旋，左腰眼前转，带动左脚向前跟半步，脚尖点地，成右实左虚步；右手微下旋，左手微上转。（图1-203）

动作二：以右脚跟为轴，脚尖内扣45°，身体随之左转，两手合抱于胸前。（图1-204）

动作三：上身不变，左脚向左平移半步，脚跟先着地，重心仍在后腿。（图1-205）

动作四：右脚跟蹬地，推动身体重心慢慢移向左腿，成左弓步，同时左右手向两边分开。目视左手方向。（图1-206）

图1-203

图1-204

图1-205

图1-206

第50式　玉女穿梭（一）

动作一：接上式。左腰眼前推，右腰眼后撤，重心移向右腿。左手向下划弧，位于腹部前侧，掌心向下。左脚向右脚内侧跟步，脚尖点地为虚步，同时左手由下向上划弧，位于左肩上侧。（图1-207、图1-208）

动作二：左手掌上撩，位于额头前上侧，掌心向外。右手竖腕坐掌，五指向上位于右胸前侧，仍为右实左虚步。然后，左虚脚向右前方45°（西南方）迈步，脚跟先着地，再由右脚跟蹬地推动身体重心前移成左弓步。目视两掌中间前方（西南方）。（图1-209、图1-210）

图1-207

图1-208

图1-209

图1-210

动作要点：左手上撩时左肩下沉，不可上耸。上身保持挺直，腰胯调正面向西南方。左脚蹬地时劲贯双掌。

玉女穿梭（二）

动作一：身体重心移向左腿，右脚向前跟步，脚尖点地，双掌基本不变。调整身体重心后，右脚再向左后方交叉盖步，脚尖点地，左腿实、右腿虚。（图1-211）

动作二：以左脚跟拧地，脚尖内扣约210°，仍是左实右虚步，面向东南方向45°。右手向上划弧，位于额头上方一手掌之距，掌心向斜上方；左手竖腕坐掌位于左胸前。（图1-212）

图1-211

图1-212

动作三：右虚脚向前（东南方）迈步，脚跟先着地，随后左脚跟蹬地，推动身体重心前移成右弓步。目视双掌间前上方（东南方），劲贯双掌。（图1-213、图1-214）

图1-213

图1-214

玉女穿梭（三）

动作一：重心坐实后，左脚向前跟步，脚尖点地；右手向下划弧位于胸前，竖腕坐掌，左手向上划弧位于左肩上侧。（图1–215）

动作二：右脚跟拧地，脚尖内扣约45°，左脚向左前方（东北方）迈步，脚跟先着地；然后右脚跟蹬地推动身体重心前移成左弓步。同时，左手上移位于额头前上侧成横侧掌，掌心向外。目视东北方。（图1–216、图1–217）

图1–215

图1–216

图1–217

玉女穿梭（四）

动作一：腰微向右转，右脚向前跟步，脚尖点地，双掌微下旋。左脚跟拧地，脚尖内扣约210°，身体向右后方旋转270°左右，由东北方转向西北方，转身后仍然左腿实右腿虚。（图1–218）

动作二：向后旋转的同时，右手上撩外托，位于额头上方一手掌之距；左手竖腕坐掌位于左胸前，距离一尺左右。右虚脚再向西北45°斜角迈步，脚跟先着地，而后左脚跟蹬地推动身体重心前移成右弓步。目视西北方。（图1–219、图1–220）

图1–218

图1–219

图1–220

动作要点：所有后虚脚向前跟步，脚尖点地时两脚之间应保持有一脚之距。左右手上下交换向四个斜角方向推出时，脊柱竖直，用后脚跟蹬地，向上拔劲力达双掌。

第51式　右手挥琵琶

动作一：接上式。左脚前带，脚尖点地，成右实左虚步；同时右手上抬、下按，微高于左手。（图1–221）

动作二：随后，左脚撤回原位，身体重心慢慢后移；两手掌有下按、回捋、外带之意。目视两手掌方向。（图1–222、图1–223）

图1–221

图1–222

图1–223

第52式　右懒扎衣

动作一：接上式。重心移到左腿时再带回右腿，脚尖点地，成左实右虚步；两掌位于胸前。（图1–224）

动作二：右脚向右前方迈步，脚跟着地，脚尖翘起；接着左脚跟蹬地推动身体重心前移成右弓步。目视右手中指正前方。（图1–225、图1–226）

图1–224

图1–225

图1–226

第53式　单鞭

动作一：接上式。右腰眼后旋，左腰眼前转，带动左脚向前跟半步，脚尖点地，成右实左虚步；右手微下旋，左手微上转。以右脚跟为轴，脚尖内扣45°，身体随即左转，两手合抱于胸前。（图1–227）

动作二：上体不变，左脚向左平移半步，脚跟先着地，重心仍在右腿。（图1–228）

图1–227

图1–228

动作三：右脚跟蹬地，推动身体重心慢慢移向左腿，同时左右手向两边分开，成左弓步。目视左手方向。（图1–229）

图1–229

第54式　云手

动作一：接上式。右腰眼微微后撤，重心移向右腿；同时左手由上向下划弧，掌心向下，位于腹部前侧。（图1-230）

动作二：左脚带回右脚内侧，脚尖点地，两脚之间保持有一脚距离；左手再向上划弧至胸前，竖腕坐掌，掌心斜向外。（图1-231）

图1-230

图1-231

动作三：双掌在胸前抱圆，左腿前迈一步，右脚蹬地，推动身体重心前移上拔，成左弓步；双手掌向斜上方撑劲。目视左手方向。（图1-232）

图1-232

动作四：两掌上下交换，左手向下划弧至腹前，掌心向上；右手向上划弧微高于右肩。同时，左脚尖内扣135°左右，脚跟拧地整体向右旋转；右虚脚回收，并有上拔之意。目视右手方向。连续重复三次。三次云手后，右脚落实，身体重心坐于右腿，右脚脚尖内扣90°左右，身体转向正南，双掌合抱于胸前。（图1-233、图1-234）

图1-233

图1-234

第55式　单鞭

动作一：接上式。右腰眼后旋，左腰眼前转，带动左脚向前跟半步，脚尖点地，成右实左虚步；右手微下旋，左手微上转。以右脚跟为轴，脚尖内扣90°，身体整体左转，两手合抱于胸前。（图1-235）

图1-235

动作二：上体不变，重心仍在右腿，左脚向左平移半步，脚跟先着地。（图1–236）

动作三：右脚跟蹬地，推动身体重心慢慢移向左腿，成左弓步；同时左右手向两边分开。目视左手前方。（图1–237）

图1–236

图1–237

第56式　下势

接上式。身体重心后移向右腿并屈膝下蹲，成右弓步；右手向左前方划弧下按，双掌同时向下、向外、向右后方划弧捋带。目视双掌方向。（图1–238）

动作要点：重心后移，上身挺直，以腰胯向右旋转，百会穴仍要虚灵顶劲，双掌有退中有进之意。

图1–238

第57式　左更鸡独立

动作一： 接上式。以脊柱为轴，右脚蹬地推动身体重心前移，左胯后撤，右胯前推，身体向左转。左手竖腕坐掌位于左肩前方；右手掌心向下位于右胯外侧。（图1–239）

动作二： 重心移向左腿，右脚向前跟步，成左实右虚步；右手掌心向外有上托之意，左手有下按之感。（图1–240）

动作三： 身体微下蹲，右膝向上抬起，脚尖绷直，左腿蹬地成独立式。同时右手掌心斜向上托，位于右肩前上侧；左手掌心下按，位于左胯下外侧。目视右手掌前方。（图1–241）

图1–239

图1–240

图1–241

第58式　右更鸡独立

动作一：接上式。右脚下落位于左脚后内侧，重心后移变为右实脚；同时右手向下划弧，掌心下按，五指向前，位于右胯外侧，左手掌上抬，掌心向外。（图1–242）

动作二：右脚蹬地，左膝与左手掌同时抬起，左腿提膝，有上顶之意，脚尖绷直有外踢之念；左手掌心斜向上，位于左肩前侧，有上托之意。目视左手掌方向。（图1–243）

图1–242

图1–243

动作要点：左右手上下对拉拔长，左手上托，右手下按；左膝外顶，左脚尖有前踢之意；起落时保持重心平稳，独立之脚五趾抓地，上体不可左右摆动。用意于托对方下巴咽喉，膝与脚尖顶挑其裆部。

第59式　倒撵猴（一）

动作一：接上式。左脚落下向后撤步，右手竖腕坐掌位于右肩前上侧，左手向下划弧，位于左腹前上侧，掌心向下；同时右脚跟拧地，脚尖内扣135°，身体随之向左后方转动，腰、胯、肩、膝部同时向左旋转，左脚尖点地，脚跟内旋。接着，左脚向前迈步，脚跟着地，脚尖翘起，两掌有前推、后带之意。（图1-244～图1-246）

动作二：右脚跟蹬地推动身体重心前移，成左弓步；左手横手掌、右手竖侧掌在胸前，两手臂同时有外推之意。目视右手掌前方向。（图1-247）

图1-244

图1-245

图1-246

图1-247

倒撵猴（二）

动作一：左腰眼微后撤，带动右脚前移，脚尖点地，成左实右虚步。同时，两手上下互换，右手在胸前，掌心向下；左手竖腕坐掌，位于左胸前。接着，右虚脚向后撤半步，成后交叉步。（图1–248、图1–249）

动作二：左脚脚跟拧地旋转，脚尖内扣270° 左右，同时身体随之旋转，仍为左实右虚步，面向西南方。（图1–250）

动作三：右脚向前迈步，脚跟着地，脚尖翘起；接着，左脚跟蹬地推动身体重心前移，成右弓步，两手基本不变。目视左手方向。（图1–251、图1–252）

图1–248

图1–249

图1–250

图1–251

图1–252

倒撵猴（三）

动作一：右腰眼微后撤，带动左脚前移，脚尖点地，同时，两手上下互换；左虚脚向后撤半步，成交叉步，右实脚脚跟拧地旋转，脚尖内扣270°左右，身体随之旋转，仍为右实左虚步。目视左手方向。（图1–253～图1–255）

动作二：左脚向前迈步，脚跟着地，然后右脚脚跟蹬地推动身体重心前移，成左弓步；双臂基本不变。（图1–256、图1–257）

图1–253

图1–254

图1–255

图1–256

图1–257

倒撵猴（四）

动作一：左腰眼微后撤，带动右脚前移，脚尖点地，成左实右虚步。同时两手上下互换，右手在胸前，掌心向下；手指向左，左手竖腕坐掌，位于左胸前。接着，右虚腿向后撤半步，成交叉步。（图1-258、图1-259）

动作二：左实脚脚跟拧地旋转，脚尖内扣270° 左右；同时身体随之旋转，为左实右虚步，面向西南方。（图1-260）

动作三：右脚向前迈步，脚跟着地，脚尖翘起；接着，左脚跟蹬地推动身体重心前移，成右弓步。两手基本不变。目视左手方向。（图1-261、图1-262）

图1-258

图1-259

图1-260

图1-261

图1-262

第60式　右手挥琵琶

动作一：接上式。上左脚，脚尖点地，调整身体重心后，左虚脚再撤回原位；同时两手上下交换，掌心向下，五指斜向上。（图1-263、图1-264）

动作二：腰部带动身体向左转，带回右脚，脚尖点地，成左实右虚步；两手掌向斜后方下带、外捋。目视前方（西南方）。（图1-265）

图1-263

图1-264

图1-265

第61式 白鹤亮翅

动作一：接上式。身体重心在左腿，仍为左实右虚步。两手掌上下交换，右手向上划弧，位于额头前上方30厘米左右处，掌心向外，五指向左；左手竖腕坐掌，位于左胸前30～40厘米处，五指向上。目视左手掌前方。（图1–266）

动作二：右脚向前迈一步，脚跟着地；接着，左脚跟蹬地推动身体重心慢慢前移，右脚掌慢慢踏平，成右弓步。目视正前方。（图1–267、图1–268）

图1–266

图1–267

图1–268

第62式　左搂膝拗步

动作一：接上式。右腰眼微后撤，双手向下移；同时身体重心移向右腿，右实脚脚跟拧地，脚尖内扣120°左右，左虚脚脚跟内旋，身体转向正东方，成右实左虚步。左手位于左胯前外侧，掌心向下，五指斜向前；右手竖腕坐掌于右肩前侧。目视正东方。（图1–269、图1–270）

动作二：左脚向前迈步，脚跟着地；左手掌在左胯前外侧，右手在左肩前。右脚跟蹬地推动身体重心前移成左弓步，右掌前推。目视右手掌方向（正东方向）。（图1–271）

图1–269

图1–270

图1–271

第63式 左手挥琵琶

动作一：接上式。身体重心移向左脚，同时左手上抬下按，回捋在胸前；然后再将右脚向前跟步，位于左脚后内侧。（图1-272）

动作二：右脚随即再撤回原位，重心后移由左腿转向右腿。腰胯由左向右旋转，带动双手外捋、下按、回带。目视双掌方向。（图1-273）

动作要点：重在腰胯之劲，双掌有捋带回转之意。

图1-272

图1-273

第64式 按势

动作一：接上式。右实脚脚跟拧地，脚尖内扣，左脚脚尖点地微向前，与肩同宽。右手竖腕坐掌位于胸前；左手五指向前，掌心向上，位于左胯外侧。目视右手方向。（图1-274）

图1-274

动作二：双腿屈膝下蹲，右腿实、左腿虚，左脚尖点地。右手斜竖侧掌，掌心向左，下按；左手在左胯外侧，手指向后，手心向上。头要挺直，目视斜下方。（图1-275）

图1-275

第65式　青龙出水

动作一：接上式。右脚蹬地推动身体上起，左手掌心向前，手指向上，位于左肩前侧；右手横侧掌，掌心向斜前方，手指向左，位于额头前上侧，与额头保持一掌之距。目视左手方向。（图1-276）

动作二：左虚脚向前迈一步，脚跟着地，两手基本不动。（图1-277）

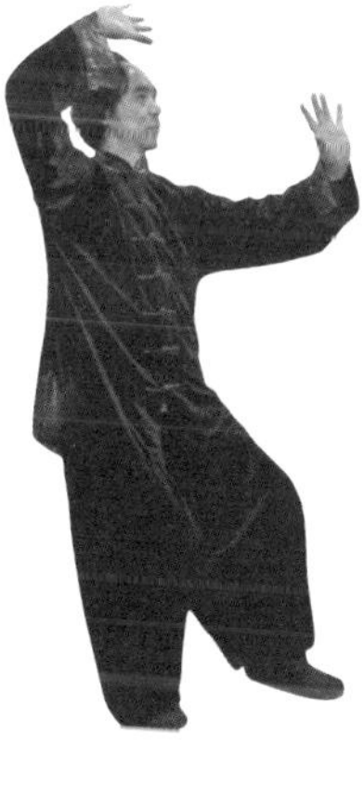

图1-276

图1-277

动作三：右脚跟蹬地推动身体重心向前，成左弓步。（图1–278）

图1–278

图1–279

动作四：两脚跟同时由左向右拧转，左脚脚尖内扣，右脚尖外摆120°左右，身体右转180°左右，由面向东方转向西方。（图1–279）

动作五：左脚蹬地，推动身体重心由左腿移向右腿，成右弓步；两手掌在额头上方由左向右划大弧形。目视右手方向。（图1–280）

图1–280

第66式　三涌背

动作一：接上式。右腰眼微后撤，带动右腿后撤半步，脚尖点地；同时，两手由上向下划弧于胸前，掌心向下；随后右虚脚再向后撤半步。（图1-281）

动作二：右腰眼微后撤，带回左脚，脚尖点地，为右实左虚步；以腰胯旋转带动双脚左右变化。（图1-282）

动作三：调整身体重心后，左脚再向前迈出，脚跟着地；然后右脚蹬地，推动身体重心前移成左弓步，两手掌同时划弧前推。目视手指方向。（图1-283、图1-284）

图1-281

图1-282

图1-283

图1-284

动作四：左腰眼微后撤，右腰眼前推，带动右脚前跟步，脚尖点地，同时两手掌上下交换，有外带、下按之意。（图1–285）

动作五：随后，右虚脚向右前方迈步，脚跟着地，左脚跟蹬地推动身体重心前移，再成右弓步；双掌基本不变。目视右手方向。（图1–286、图1–287）

图1–285

图1–286

图1–287

第67式　单鞭

动作一：接上式。右腰眼后旋，左腰眼前转，带动左脚向前跟半步，脚尖点地，成右实左虚步；右手微下旋，左手微上旋。接着，以右脚跟为轴，脚尖内扣45°，身体左转，两手合抱于胸前。（图1-288）

动作二：上体不变，重心仍在右腿，左脚向左平移半步，脚跟先着地；右脚跟蹬地，推动身体重心慢慢移向左腿，成左弓步，同时左右手向两边分开。目视左手方向。（图1-289、图1-290）

图1-288

图1-289

图1-290

第68式　云手（一）

动作一：接上式。右腰眼微后撤，重心移向右腿；同时左手由上向下划弧，位于腹部前侧，掌心向下，右手基本不变。（图1–291）

动作二：左脚带回右脚内侧，脚尖点地，两脚之间保持有一脚距离。左手再向上划弧至胸前，竖腕坐掌，掌心斜向外；右手向下划弧位于小腹前，掌心向上，双手合抱于胸前。（图1–292）

图1–291

图1–292

动作三：左腿前迈一步，右脚蹬地，推动身体重心前拔上移，成左弓步；双手掌向上方撑劲。目视左手方向。（图1–293）

图1–293

动作四：左脚尖内扣135°左右，脚跟拧地整体向右旋转，右虚脚回收，并有上拔之意。同时，两掌上下交换，左手向下划弧至腹前，掌心向上；右手向上划弧微高于右肩。目视右手方向。（图1-294、图1-295）

图1-294

图1-295

云手（二）

动作一：两腿虚实交换，同时两手掌上下交换。腰向左转，左脚向左前方迈步，然后右脚跟蹬地推动身体重心前移，成左弓步。（图1-296、图1-297）

图1-296

图1-297

动作二：重心位于左腿，左脚跟拧地，脚尖内扣，带动身体向右旋转；两手上下互换。目光平视右手上方。（图1–298）

图1–298

图1–299

动作三：右实脚脚尖内扣120°左右，身体随之旋转，右脚跟蹬地推动身体上拔。劲路走向左手臂，有上掤之意。（图1–299）

动作四：重心由左腿慢慢移向右腿。同时双掌上下交换，右手上斜侧掌位于右肩前；左手位于小腹前，掌心向上。（图1–300）

此云手重复三次。

图1–300

第69式 单鞭

动作一：接上式。右腰眼后旋，左腰眼前转，带动左脚向前跟半步，脚尖点地，成右实左虚步；右手微下旋，左手微上转。以右脚跟为轴，脚尖内扣45°，带动身体左转，仍为右实左虚步；两手竖腕坐掌，合抱于胸前。（图1-301）

动作三：上体不变，重心仍在右腿，左脚向左平移半步，脚跟先着地；双掌有左右分开之感。（图1-302）

图1-301

图1-302

图1-303

动作四：右脚跟蹬地，推动身体重心慢慢移向左腿，成左弓步；同时左右手向两边分开。目视左手方向。（图1-303）

第70式　提手上势

动作一：接上式。腰向左转，带动右手向下划弧，位于右小腹前，掌心向下，五指向前；左手基本不变。（图1-304）

动作二：身体重心前移，带动右脚向左前方跟步，脚尖点地，重心位于左腿，成左实右虚步；左手上撩，右手有下按之意。目光平视前方。（图1-305）

图1-304

图1-305

第71式　高探马

上体基本不变，右脚向左45° 方向（东南方）迈步，脚跟先着地，脚尖翘起。右手翻掌，掌心向上，手指斜向前，位于腹部前侧；左手掌心向前，手指向上，位于左胸前侧。随后，左脚跟蹬地，推动身体重心前移，成右弓步。目视左掌前方。（图1-306、图1-307）

图1-306

图1-307

第72式　对心掌

动作一：接上式。左脚向前跟步，位于右脚前内侧，脚尖点地；同时左手由下向上划弧，位于额头前上侧，掌心向外；右手竖腕坐掌，位于胸前，掌心向前（正东方）。（图1-308）

动作二：随后，左脚再向前迈，脚跟先着地，右脚跟蹬地，推动身体重心前移成左弓步。目视右手掌心方向。（图1-309、图1-310）

动作要点：身体挺直前推，右手掌心推出不过左脚尖。意念为左手上撩，右手掌心击打对方胸心部。

图1-308

图1-309

图1-310

第73式　十字摆莲

动作一：接上式。腰微左转，重心移到左腿，右脚向前跟步，脚尖点地，位于左脚后内侧；随后左脚跟拧地，脚尖内扣约130°，身体从右向后旋转180°。（图1–311）

动作二：重心坐于左腿，右虚脚提起，由左向右划大弧形，上踢成摆莲脚。同时，左手掌拍打右脚面成十字形状，右手位于右肩上侧并划大弧形。然后，右脚向前（正西方）迈步。（图1–312、图1–313）

图1–311

图1–312

图1–313

动作要点：拍打时动作要快、猛，有威力，腰部贯劲，要有把对方扫倒之意念。

第74式 指裆捶

动作一：接上式。右脚落地时，右手由掌变拳，拳心向上，位于腹前；左手掌心向斜下方，向外划弧。左脚向前跟步，脚尖点地，两脚之间保持有一脚距离。（图1-314、图1-315）

动作二：左脚再向前迈一步，脚跟先着地；紧接着右脚跟蹬地，推动身体重心前移，成左弓步。同时劲贯右拳，向斜下方打去；左手掌心向下，位于左胯外侧。目视右拳前方。（图1-316、图1-317）

动作要点：意念为左手拨开对方，右拳打击其阴部、裆部。

图1-314

图1-315

图1-316

图1-317

第75式　右懒扎衣

动作一：接上式。重心移到左腿时再带回右腿，脚尖点地，成左实右虚步；右拳变掌，两掌位于胸前。（图1–318）

动作二：右脚向右前方迈步，脚跟着地，脚尖翘起；接着左脚跟蹬地推动身体重心前移成右弓步。目视右手中指正前方。（图1–319、图1–320）

图1–318

图1–319

图1–320

第76式 单鞭

动作一：接上式。右腰眼后旋，左腰眼前转，带动左脚向前跟半步，脚尖点地，成右实左虚步；右手微下旋，左手微上转。然后以右脚跟为轴，脚尖内扣45°，身体随之左转，两手合抱于胸前。（图1–321）

动作二：上体不变，重心仍在右腿，左脚向左平移半步，脚跟着地。（图1–322）

图1–321

图1–322

图1–323

动作三：右脚跟蹬地，推动身体重心慢慢移向左腿，成左弓步；同时左右手两边分开。目视左手方向。（图1–323）

第77式 下势

接上式。身体重心后移，右腿屈膝下蹲，成右弓步；右手向左前方划弧下按，双掌同时向下、向外、向右后方划弧捋带。目视双掌方向。（图1–324）

图1–324

动作要点：身体后坐时，要求上体脊柱竖直，不可低头撅臀，有捋按对方双臂之意。

第78式 上步七星

接上式。右脚蹬地推动身体重心移向左腿，腰向右旋转；左手在胸前上侧，掌心向右，五指向上；面向正东方。左腰眼后撤，右腰眼前推，重心从右腿慢慢移向左腿；右脚向前跟步，脚尖点地，位于左脚后内侧，两脚之间有一脚距离，左腿实、右腿虚，屈膝半蹲。同时右手掌向上划弧位于左手外侧，成十字交叉状。目视双掌中前方。（图1–325、图1–326）

动作要点：意念为双掌架挡对方打来之拳，并回旋拧拿转其手腕。

图1-325

图1-326

第79式　退步跨虎

接上式。右脚向右后方撤一大步，重心后移至右腿；左脚随重心后移再撤半步，脚尖点地，仍为右实左虚步。同时双手由掌变拳，右拳向下再向上划弧，位于右耳外侧，拳心向外；左拳向下拉，位于左胯外侧，拳心向外。目视正前方（东南方）。（图1-327、图1-328）

图1-327

图1-328

动作要点：脊柱骨上顶拔长，百会穴上顶，双腿微屈，左右拳形成上下对拉劲，周身蓄而待发。

第80式　转身摆莲

动作一：接上式。身体重心在右腿，左脚脚尖绷直提起，全身蓄劲，双拳变掌；以右脚跟变脚尖拧地为轴，由左向右旋转360°，左腿一圈扫堂后迅速变为实腿落地。（图1-329、图1-330）

动作二：左腿落实后，左虚脚快速上提，由左向右摆莲脚，双掌同时拍打右脚面成十字交叉状；拍打后右脚落向右前方（西南方）。目视东南方向。（图1-331）

图1-329

图1-330

图1-331

动作要点：右脚从左向右上方扫堂摆莲脚，双掌拍打右脚面劲力要猛，落步要沉稳，干净利落，好似秋风扫落叶。

第81式　弯弓射虎

接上式。右脚以脚跟着地，双掌拍打后变拳，位于胸前。左实脚蹬地变为右弓步，右拳拳心向内，拳眼向上向后拉，位于右肩上侧；左拳拳心向内，拳背外击，双拳同时左右对拉，好似拉弓射箭形状。目视左拳方向（东南方）。（图1-332、图1-333）

动作要点： 双拳对拉时两肩松沉有力，左胯劲上传左拳，右胯劲后拉右拳，肩与胯合体会内劲。左拳有击打对方胸部之感。

图1-332

图1-333

第82式　上步双抱捶

动作一： 接上式。右腰眼微后撤向下沉劲，带动双拳向右旋转位于胸前；随后重心移向右腿，带动左脚向前跟步，脚尖点地。（图1-334）

图1-334

动作二：调整身体重心后，左脚再向左前方迈步，脚跟先着地，右脚跟蹬地推动身体重心前移；同时右拳向前慢慢冲出，右腿实变左腿实，右拳在左拳外侧由下向上划弧。（图1-335、图1-336）

动作三：当右拳绕到左拳上侧时，同时腰向左转，带上右脚脚尖点地位于左脚后内侧。目视双拳方向。（图1-337）

图1-335

图1-336

图1-337

动作要点：双拳上架螺旋拧劲要用腰胯推动，解脱对方擒拿腕手并击打对方胸部。

第83式　手挥琵琶

接上式。当右拳旋转过左拳上侧时，两拳变掌，回捋、外带。双手斜侧掌回抱于胸前；右虚脚向后撤回原位，重心后移向右腿，腰微右转，带动双手掌右捋。目视双手掌方向。（图1–338、图1–339）

图1–338

图1–339

动作要点： 身体后撤，双掌回捋、下按、外带，避开自身的中心线。

收势

动作一： 接上式。重心移到右脚时再带回左脚，与肩同宽位置；双手向两边划小立圆向下按，掌心向下，五指向前，腋下虚空，成无极桩式。（图1–340、图1–341）

动作二：稍休息片刻，左脚向右脚收回原位，双脚自然并立，与起势相同的位置。目光平视正前方。（图1–342）

图1–340

图1–341

图1–342

要点：收势与起势相同，意贯双掌下按，气沉两脚涌泉穴，平心静气调息、调气、调意，气归丹田。收势应回到起势的原位。

第二章

武氏太极拳二路炮捶

一、概述

武禹襄祖师早年随其父武烈习练长拳、洪拳，已有深厚的功底，到河南温县赵堡镇后得有王宗岳《太极拳论》《太极拳概要图》等，归里后与其两个外甥李亦畬、李启轩共同研创二路炮捶于1859年。古时它一直在武李门内秘传，直到武氏太极拳第四代嫡系传人李锦藩先师在19世纪80年代末期才传于部分入室弟子。它是在一路中捋架及桩功的基础上发展形成的秘传古老实战套路。其特点为：快慢相间，蹦跳窜跃，拳打脚踢，爆发点穴，外家拳招法、内家拳劲法连环并用。它的主要作用为技击，具有十分强大的攻击性。武氏太极拳前辈曾说过："身怀绝技莫轻狂，不遇国仇手不扬。"可见二路炮捶之威力。要在具备几年的中捋架基础后再练习二路炮捶。二路炮捶的练习者能将虚实开合、动静结合的原理理解得更加透彻。

二、拳式名称

预备势

起势

第1式　左懒扎衣

第2式　右懒扎衣

第3式　单鞭

第4式　上践步

第5式　固心炮

第6式　前蹚拗步

第 7 式　回头披身
第 8 式　翻身指裆
第 9 式　拈手
第10式　右翻身舞袖
第11式　左翻身舞袖
第12式　演手
第13式　腰拦肘
第14式　大红拳
第15式　玉女穿梭
第16式　倒骑龙
第17式　左裹边肘
第18式　右裹边肘
第19式　收身
第20式　兽头势
第21式　披架子（一）
披架子（二）
披架子（三）
披架子（四）
第22式　伏虎势
第23式　演手
第24式　黄龙三搅水（一）
黄龙三搅水（二）
黄龙三搅水（三）
第25式　左冲
第26式　右冲
第27式　演手扫堂
第28式　演手全炮捶
第29式　倒扎左耳红
第30式　倒扎右耳红
第31式　演手变势（一）
演手变势（二）
演手变势（三）
演手变势（四）
第32式　大掉炮
第33式　抹眉（一）
抹眉（二）
第34式　虎水搅肘
第35式　裹果炮
第36式　翻身固身炮
第37式　手挥琵琶
收势

三、套路图解

预备势

身体自然立正，两足并立，两膝微屈，两臂松垂于身体两侧。目视正南方。（图2-1）

图2-1

起势

图2-2

左脚向左平移半步，与肩同宽；同时两掌划小立圆后掌心向下按，五指向前，位于身体两胯侧，意贯掌根及全身。目光平视正南方。（图2-2）

动作要点：体态自然中正安舒，精神专注，排除杂念。身法做到含胸拔背、松肩沉肘、裹裆护臀、气沉丹田、腹部充实、意贯腰间、命门后撑等。以后每式都要做到此要求。意念专注眼前人向我进攻。

第1式　左懒扎衣

接起势。左脚向内收回半步，脚尖点地，身体微下蹲蓄劲，成右实左虚步；同时双手上抬竖腕坐掌，右手低，位于右胸前，距胸部一掌；左手高，位于左胸前，距左肩两掌。左脚抬起，向左前方快速迈步，右脚跟急速蹬地，并快速向前跟一步，身体整体前进；双掌同时向前推出。目视左手东南方向。（图2-3、图2-4）

图2-3

图2-4

动作要点：右脚蹬地快速，劲路传向腰胯，推动身体前进，双掌发劲，要做到内外三合一，意到、身到、手到、脚到、气到、劲到。步大，速度快，有将对方推倒在3米开外之意，有排山倒海之气势。

第2式　右懒扎衣

接上式。以左脚跟为轴，脚尖内扣90° 左右，右脚紧跟，脚尖落地，调整身体重心转向右前方；同时双手掌上下交换，右手位于右肩前侧，距右胸两掌；左手位于左胸前，距胸部一掌。然后，左脚蹬地，右虚脚抬起向前快速迈步，左脚跟快速蹬地，推动身体前移并急速跟步前进；双掌保持原状。目视右手掌方向（即西南方）。（图2-5、图2-6）

图2-5

图2-6

动作要点：与第1式左懒扎衣相同，唯方向相差90° 。

第3式　单鞭

接上式。以右脚跟为轴，脚尖内扣90° 左右，身体面向正前方；双掌合抱于胸前，五指向上。然后左脚向左平移半步，右脚跟快速蹬地，推动身体

重心移向左腿，成左弓步；同时双掌快速左右分开，劲贯双掌根。目视左手方向。（图2-7、图2-8）

动作要点：劲路由右脚跟蹬地快速上拔，通腿、腰、肩、肘，发于双掌。要快速有力，整体向外爆发。脊柱一定要挺直，才能整劲爆发。

图2-7

图2-8

第4式　上践步

动作一：接上式。重心后坐在右腿蓄劲，同时双掌变双拳，拳心向内位于两肋外侧。右脚用力蹬地向正东方跳起，右脚向左脚前方震脚，践步带动左脚再向前迈一步，双拳前后展开。（图2-9、图2-10）

图2-9

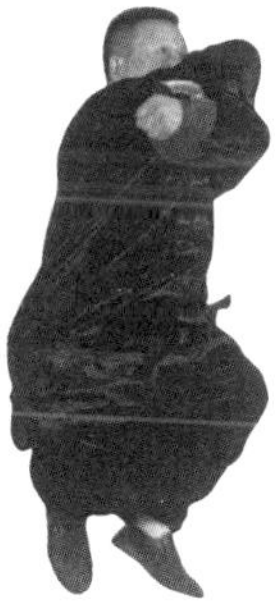
图2-10

动作二：紧接着，右脚再向前快速进步，脚尖微向里钩；同时右拳大拇指凸出（横凸拳）向前上方划弧钩拳，以右腰胯旋转来带动右拳。目视正东方。（图2–11、图2–12）

图2–11

图2–12

动作要点：双脚跳起速度要快，右拳、右脚同时快速前进，右拳拇指大骨空穴击打对方哑穴、风府穴。

第5式　固心炮

动作一：接上式。两脚不动，腰胯带动右拳向内回钩再向下旋转后，拳背向外击打；左拳拳心向内、拳眼向上同时打击，意念击打对方下颌的廉泉穴。（图2–13）

动作二：随即，腰胯带动成右弓步，右拳背向外击出，打向对方膻中穴；同时左拳眼向上抬起打向对方下颌。目视右拳方向。（图2–14）

动作要点：右拳回钩时，以右腰胯回带左拳上旋外冲时，要以左腰胯来推动，动作快、猛，有力击打对方要害穴位。

图2-13

图2-14

第6式　前蹚拗步

动作一：接上式。左脚再向前迈一大步，脚尖内钩，同时身体转向正南方，两拳在胸前合抱。（图2-15）

动作二：右脚再快速盖步（前交叉步），位于左脚外侧；双手由拳变掌，掌心向下，位于身体右侧。目视左肩尖方向。（图2-16、图2-17）

图2-15

图2-16

图2-17

动作要点：右脚盖步要快，有右脚掌猛踩踩对方脚面，并有肩靠对方胸部之意。

第7式　回头披身

动作一：接上式。左脚向左侧快速迈出一大步，右脚蹬地，重心从右向左快速转移。左肩、左肘有靠击对方之意，双手掌心向下、由右向左划弧摆动。（图2-18）

动作二：当重心移到左腿后，再由左脚蹬地推动重心移向右腿；右肩、右肘有靠击对方之意；双手掌向下，再由左向右摆动划弧。目视双手掌方向。（图2-19、图2-20）

图2-18

图2-19

图2-20

动作要点：左肩靠击时，由右脚蹬地劲路上传到左肩；右肩靠击时，由左脚蹬地劲路上传到右脚尖部，动作猛，劲路整。双手掌的摆动由腰劲推动，似风吹杨柳之感。

第8式　翻身指裆

动作一： 接上式。双脚未动，左手由下向上划弧，翻掌向外转，位于左肩前上侧；右手掌心向下按，位于右胯外侧。同时右脚跟蹬地，推动身体重心移向左腿成左弓步。（图2-21、图2-22）

图2-21

图2-22

动作二： 然后周身蓄劲，右手变拳，拳心向内放于右腰间；身体向右方后转，双脚猛蹬地腾空跳起，向后旋转180°；左手拇指压住无名指与小指，成二指禅状。（图2-23）

图2-23

动作三：双脚落地后成左弓步；左手两指分开指向前方，右手握拳，拳心向上，拳眼向外，位于腰间。接着，左手变掌、掌心向下，向左腰间划弧。右脚与右拳同时向前迈步、击打，成右弓步，右拳拳心向右。目视右拳方向。（图2-24、图2-25）

图2-24

图2-25

动作要点：蓄劲要猛，翻身速度要快，冲拳有力，如猛虎下山之势，左手指有抠挖对方双眼与锁喉之意，右拳击打对方裆部。

第9式　拈手

动作一：接上式。左脚向前跟步，脚尖点地，成右实左虚步。左手在下掌心向上，位于腹部前侧；右手在上，掌心向下位于胸部前侧，双掌上下成抱球状。（图2-26）

动作要点：左手上掤之劲为右腿蹬力上传，并上下双掌对拉，左手有外撩上掤对方腋下之意念，右手有抓按对方手腕之意。

图2-26

动作二： 左虚脚再向前迈步，右脚跟蹬地，成左弓步；同时，左手掌上掤，位于左肩前侧，掌心向内；右手掌下按于右胯旁，掌心向下。目视左手掌方向。（图2-27）

图2-27

第10式　右翻身舞袖

动作一： 接上式。右脚向前迈步，脚尖翘起内扣，同时带动右手掌心向上旋转；左手掌心向下，置于小腹前。然后，重心移向右腿，身体由右向左旋转180°，面向东方。（图2-28）

动作二： 左脚向右腿后迈步成交叉步（右盖步）；身体向左旋转约180°（面向正东方），重心移到右腿后，右手掌心向内、掌背向外，再向左方划弧扫对方耳根部。（图2-29）

图2-28

图2-29

动作三：左脚跟蹬地推动身体重心前移成右弓步。右手掌心快速翻转，掌心向外，打击对方面部；左手掌心下按位于左胯外侧。目视右手掌方向。（图2-30）

动作要点：右手旋转要快，翻掌要猛，用左脚蹬地的劲力快速传向右掌根击打对方面门。

图2-30

图2-31

第11式　左翻身舞袖

动作一：接上式。身体重心后移向左腿，右脚再后撤一大步。右掌同时后移，掌心向下按至右胯外侧；左手掌心向内、掌背向外，再向右扫打。目视左手掌方向。（图2-31）

动作二：身体重心移到右腿后，右脚跟快速蹬地，推动身体前移，左脚微向前迈成左弓步；同时左手掌快速外翻，向外推掌。目视左手掌方向。（图2-32、图2-33）

动作要点：右脚蹬地上拔之劲传到左掌根部，左手上旋外翻掌要快、猛，意念为手背扫对方耳门，翻掌掌根击打对方面门的水沟、承浆穴。

图2-32

图2-33

第12式　演手

接上式。左手掌五指向上外旋变握拳，随后右脚上一步；同时右手由掌变拳，且大拇指紧握中指尖端外关节（中魁穴）凸出处。左脚蹬地，左腰眼后撤，右胯前推，右拳向下打出。目视双拳方向。（图2-34~图2-36）

图2-34

图2-35

图2-36

动作要点：意念为左手握住对方手腕，中指扣住对方大陵穴，右拳大拇指紧压住中指甲盖，以中指节（中魁穴）击打对方的内关穴、间使穴，要用上周身腰劲击打。

第13式 腰拦肘

接上式。左腿蹬地推动身体重心前移成右弓步。左拳变掌，五指向上，掌心紧顶住右拳四指的八邪穴，用右肘尖向外顶击对方膻中穴。（图2-37）

动作要点：左掌顶紧右拳，左脚用力蹬地劲上传右肘尖。整体撞击对方胸部。

图2-37

第14式 大红拳

接上式。身体重心后撤，右拳右脚猛速上抬，右拳拳心向内与眼平齐，右脚尖绷直上踢对方裆部，随即右拳变掌向前击打对方面部的承浆穴、水沟穴。目视右手掌方向（正东方）。（图2-38～图2-40）

图2-38

图2-39

图2-40

动作要点：右踢脚脚尖绷直，速度要快。左右拳打击速度要快，左右拳翻掌劲力要猛，要用后腿腰胯劲力上传到对方的要害穴位。可以左右双方向练习大红拳。

第15式　玉女穿梭

动作一：接上式。右手掌伸直五指向前往回带，左手掌向前上方穿插；同时左脚跟步点地后，又快速前进一步，成左弓步，左掌、左脚同时向前冲出。目视左手方向。（图2-41）

动作要点：左手与左膝方向一致，右手与右膝方向一致，要以腰胯的劲快速传向五指手尖，意贯双掌五指横插入对方肋部的期门穴、日月穴、腹哀穴。

动作二：左手掌往回拉带于胸前，右手掌五指撑开向前与右脚方向一致向前插出；左腿蹬地成右弓步。目视右手五指方向。（图2-42）

图2-41

图2-42

第16式　倒骑龙

动作一：接上式。左腿向前上步，两掌变拳，周身向下蓄劲。双脚猛蹬地腾空，身体由左向右后方跳起旋转180°，双拳在空中互相对应，上下击打。（图2-43）

动作二：落地后成右弓步，右拳在上，左拳在下。右拳击打对方头部的听宫穴、太阳穴；左拳击打对方肋部的腹哀穴、章门穴。（图2-44）

动作要点：跳跃要快，落地要稳，左右两边拳头同时向中心线击打。

图2-43

图2-44

第17式 左裹边肘

动作一：接上式。双拳变掌，掌心向外，重心移向右脚；而后左脚跟向右脚内侧，脚尖点地，成右实左虚步；左掌托住右拳，抱于腹前。（图2-45、图2-46）

图2-45

图2-46

动作二：随即，左脚落实，脚尖外摆，右脚再向前迈一大步，成右弓步；左手五指向上，掌心紧顶右手拳头，右肘尖向前顶出。目视右肘尖方向。（图2-47）

动作要点：右肘尖旋转顶击对方胸部的鸠尾穴、膻中穴。

图2-47

第18式　右裹边肘

动作一：接上式。右脚跟拧地，脚尖外摆60°左右，身体重心移向右腿，左脚向前跟半步，两腿实虚交换；随即右拳变掌，五指向上，掌心紧紧托住左拳，拳心向下。（图2-48）

动作二：身体旋转180°，右脚蹬地，左腿弓步，左肘尖向外顶击对方膻中穴。目视左肘尖方向。（图2-49）

图2-48

图2-49

动作要点：右脚蹬地之劲由腰部传向左肘尖，动作要快、猛。

第19式 收身

图2-50

接上式。身体重心猛蓄劲跳起向后旋转180°，后退一步至左腿落实。右手握拳，拳心向外，位于左耳外侧；左手握拳拳心向外，位于右胯外侧。（图2-50）

动作要点：快速向后收身站稳，为蓄劲、为下一式进攻做准备。

第20式 兽头势

接上式。双脚猛速蹬地，身体腾空跳起，双拳左右展开，在空中向内合并击打。双脚落地后，成马步桩，面向西南方。右拳在上击打对方天容穴；左拳在下击打对方肋部章门穴、期门穴。目视双拳中间方向。（图2-51、图2-52）

图2-51

图2-52

动作要点：双脚腾空离地要猛、快、整。落地要稳，双拳同时合击对打不离对方中线。

第21式 披架子（一）

动作一：接上式。双手由拳变掌，上下旋转，右手在下，左手在上。（图2-53）

动作二：然后，左脚快速向西南方迈出，右脚蹬地成左弓步。左手五指向前插出；右手掌心向内，位于腹部。目视左手方向。（图2-54、图2-55）

图2-53

图2-54

图2-55

披架子（二）

动作一：右脚向前跟步，脚尖点地，位于左脚内侧，成左实右虚步；右手向上旋，左手向下按。（图2-56）

动作二：双手上下快速交换，右手由左手里侧向外快速旋转插出；同时，右脚快速迈出成右弓步，右脚与右手的方向和速度一致。目视右手指尖方向。（图2-57）

图2-56

图2-57

动作要点：脚、掌同时快速插出，手掌伸直贯劲插对方肋部腹哀穴、大横穴。

披架子（三）

动作一：右脚跟拧地，脚尖内扣120°左右，左脚跟随之旋转，仍为左实右虚步，身体从左向后旋210°左右；左手在左肩前在上，右手在下，掌心向内。（图2-58）

图2-58

动作二：右脚向东南方快速迈步，成右弓步；同时右手掌由上而下再斜向下插出。目视右手掌方向。（图2-59）

图2-59

披架子（四）

左脚向前跟步，脚尖点地；随即左虚脚再向东北方向快速迈步，右脚蹬地成左弓步。同时，左手掌五指向前插出，左手与左脚方向一致；右手掌心向内，五指向左，位于左臂内侧。目视左手五指方向。（图2-60）

图2-60

动作要点：披架子分四个方向，一是东南方，二是西南方，三是东北方，四是西北方，手脚方向一致，快速插击对方章门、腹哀、期门、大横等穴位。四角变化多端。

第22式　伏虎势

动作一：接上式。双掌变拳，右拳向上划弧，左拳向下划弧；右脚向前迈步，左脚紧跟上步，双腿屈膝下蹲。（图2-61）

动作二：屈膝下蹲成右实左虚步；左拳打击对方阴部（曲骨穴），右拳位于额头上侧，拳心向外。目视双拳间方向。（图2-62）

图2-61

图2-62

动作要点：意念为右拳拦挡对方拳头，左拳击打对方下阴部，要快速有力。

第23式　演手

接上式。右脚蹬地起身，重心在右腿；双拳变掌，重心由右腿再移向左腿，成左弓步。左手掌在左肩前上侧向外；右手掌心向上，置于腹部前侧，腰胯向左旋转。目视左手肘方向。（图2-63、图2-64）

图2-63

图2-64

第24式　黄龙三搅水（一）

动作一：接上式。右脚向前跟步，脚尖点地，仍是左实右虚步。双手掌上下交换，左手位于左腹前，掌心向上；右手置于右肩前上侧，掌心斜向外。（图2-65）

动作二：右脚再向右前方迈步，左脚蹬地推动身体重心前移并向右转腰，成右弓步；双手基本保持不变。目视右手方向。（图2-66）

图2-65

图2-66

黄龙三搅水（二）

左脚再向右脚内侧跟步，脚尖点地，仍为右实左虚，双掌上下交换；左脚再向左前方迈步，而后右脚蹬地推动身体重心移向左腿成左弓步。目视左手方向。（图2-67、图2-68）

图2-67

图2-68

黄龙三搅水（三）

重心移到左腿，右脚再前跟半步，脚尖点地，随后再向前迈一步；腰胯向右旋转成右弓步。右手掌心向外，位于右肩前上侧；左手在腹前，掌心向上。目视右手方向。（图2-69、图2-70）

动作要点：黄龙三搅水一共三个动作，两个角度，意念为左右掌上撩对方腋下（渊腋穴、极泉穴）。后脚蹬地之劲上传至前手左右旋转。

图2-69

图2-70

第25式　左冲

动作一：接上式。左脚向前再跟步，脚尖点地，仍是右实左虚步。左掌变拳位于腰间，掌心向上；右掌在右肩前，掌心向外。（图2-71）

动作二：左拳、左脚同时向左前方快速冲击，右掌快速由上而下后拉、下按，五指向前，位于右胯外侧；左拳拳心向上击打对方上脘穴、中脘穴。目视左拳方向。（图2-72）

图2-71

图2-72

第26式　右冲

动作一：接上式。左拳变掌、掌心向下，右掌变拳、拳心向上；脚尖点地。（图2–73）

动作二：然后，右拳、右脚同时向右前方快速冲击，成右弓步；腰胯旋转，右拳快速冲击对方腹哀穴、日月穴。目视右拳方向。（图2–74）

图2–73

图2–74

动作要点：左脚蹬地劲达右拳，右脚蹬地劲达左拳，动作要快、猛。上体要挺直。

第27式　演手扫堂

接上式。重心后移向左腿，右拳变掌，双掌掌心向下。然后，左脚快速蹬地重心再移向右腿，同时双掌向左摆动后带动左脚离地再向右摆动。重心全坐在右腿，以右脚跟为轴拧地；左脚尖绷直离地扫堂，身体由左向右旋转360°。目视双掌方向。（图2–75、图2–76）

图2-75

图2-76

动作要点： 双手掌与左脚整体快速旋转有将对方扫倒之意，似秋风扫落叶之势。

第28式　演手全炮捶

动作一： 接上式。转一周后身体重心仍在右腿，面向左手方向，左手竖腕坐掌位于胸腹前；右手握拳位于右胯侧，拳心向左，拳眼向上。然后，右脚蹬地重心前移快速向前迈一大步，成右弓步，同时冲右拳，拳眼向上。意念击打对方裆部。（图2-77、图2-78）

图2-77

图2-78

动作二：右脚再迅速撤回原位，重心再移向右腿，右脚随之收回，脚尖点地。双手变掌，掌心向下；右腿屈膝抬起脚尖回钩，双掌协调配合内收。右脚向外猛地铲除，同时左右双掌向外推出。目视右脚方向。（图2-79～图2-81）

图2-79

图2-80

图2-81

动作要点：动作要快、猛，重心要稳定。左脚外沿铲对方小腿髌骨，并配合丹田气发声："哈"。

第29式　倒扎左耳红

动作一：接上式。铲出后左脚向前落步，右脚蹬地再向前跟步，脚尖点地。右手握拳由身体后侧向前带，位于右胯侧；左手掌心向前，位于左肩前侧。（图2-82）

动作二：右拳向前上方画一大弧快速向后旋转，同时带动腰快速向后转，右腿弓步。右拳拳心向内，拳背向外；左手掌心下按，五指向前，位于左胯外侧。目视右拳方向。（图2-83）

图2-82

图2-83

动作要点：向前抡拳跟步为蓄劲，猛向后出击，发劲要快、猛，击打对方左耳门、面门。

第30式　倒扎右耳红

动作一：接上式。重心后移向左腿，右腿回撤半步，右拳随身体下落，右脚尖点地，成左实右虚步。（图2-84）

动作二：随后，右腿再向后撤一步，左脚尖大幅度内扣，右脚尖外摆，身体向右旋转，成右弓步。左手由掌变拳，右手由拳变掌位于腰胯侧，掌心向下。（图2-85）

动作三：腰向右转带动左脚前跟步，脚尖点地，成右实左虚步。右腿蹬地，左腿弓步；同时左拳前带，身体快速向左后转180°，左拳由前上方向后方抡打出击，拳心向内、拳背向外击向对方耳门、面门；右手掌心向下按，位于右胯前侧。目视左拳方向。（图2-86）

图2-84

图2-85

图2-86

动作要点：左拳击打对方右耳门、门面，转身要猛、快，配合丹田发声“嗨”。

第31式　演手变势（一）

动作一：接上式。腰胯向左旋转，左拳变掌，右手向前划弧，双掌心向内，五指向上位于胸前位置。（图2-87）

动作二：双掌由内再向下外翻转推出，同时双臂由内向外螺旋翻转。目视双掌方向。（图2-88）

图2-87

图2-88

动作要点：意念为双手臂内外翻转，缠绕对方双手臂。双手臂旋转要撑圆，与腰胯紧密配合。

演手变势（二）

动作一：腰胯微向左旋转，右脚再向前跟步，脚尖点地；双掌下按，五指撑开，手腕旋转。（图2-89）

图2-89

动作二：右脚再向前迈步，然后左脚蹬地，右腿弓步；同时双掌向外翻转推出。整个动作过程中注意松肩沉肘，双臂弯曲不可伸直。（图2-90）

图2-90

演手变势（三）

腰胯微向右转，重心移向右腿，左脚向前跟步，脚尖点地后再向前迈一步，成左弓步。双掌向内再向外旋转，即掌心由内向外翻转，同时双臂外撑内螺旋转动。目视双手掌方向。（图2-91～图2-93）

图2-91

图2-92

图2-93

动作要点： 此式进步动作要沉稳、均匀、慢速，双臂缠绕要松沉螺旋。

演手变势（四）

重心移向左腿成独立式，右脚向前跟步，右腿提膝，脚尖绷直；双手掌心向内合于胸前。双掌快速翻转向外推出，左脚快速蹬地，右腿向前落地成右弓步。目视双手掌前方。（图2-94、图2-95）

图2-94

图2-95

动作要点： 身体下蹲蓄劲，右脚快速迈步前落地进步，双掌发力，掌根意在击打对方胸部乳根穴。

第32式　大掉炮

接上式。腰胯向左转，然后再向右转；右手掌心向上转再下旋，左手竖腕坐掌，斜侧掌位于胸前。左脚向前跟步，脚尖点地；随即左脚再向前迈一大步，脚跟着地，右脚尖外摆，左脚尖内扣，身体向右旋转。右手掌心向上托五指向前；左手掌心向右位于腹前侧。右腰后撤，左腰前推磨胯；右手掌心向上托，左手掌指沿向下按切，左腿蹬、右腿弓。目视左掌方向。（图2-96～图2-98）

图2-96

图2-97

图2-98

动作要点：对方踢腿过来，我用右手快速接托住其脚踝，左腿上步用左手掌沿切压按其膝盖，腰胯劲贯穿双掌上托下压。

第33式　抹眉（一）

动作一： 接上式。腰向左旋转，左腿向左后方撤步，重心移向左腿；左手掌心向下按，位于左胯后侧，同时右手掌心向内向上旋转，位于右肩前上侧位置。（图2-99）

动作二： 以左脚蹬地、右腿弓步劲力上传到右手掌根，快速翻掌前推，掌心向外。目视右手方向。（图2-100）

图2-99

图2-100

动作要点： 右手掌背扫击对方眼眉，迅速反掌用掌根击打对方面门。用左脚蹬地上传胯的走劲到右手掌。

抹眉（二）

动作一： 右脚向后撤步，脚尖点地后再撤一大步。右手向下划弧，掌心向下按，位于右胯外侧；左手掌由左胯侧向上旋转，掌心向内。

（图2-101）

动作二：身体重心后移向右腿，左脚随即带回，再由右脚蹬地推动身体重心前移成左弓步；左手迅速翻掌，掌心由内快速变掌心向外推出。目视左手掌。（图2-102）

图2-101

图2-102

动作要点：左手掌翻掌速度要快，掌背扫打对方耳门，翻掌打面门。

第34式　虎水揽肘

动作一：接上式。左脚跟拧地，脚尖外摆120° 左右；随即右脚向前迈出一大步，身体向右旋转90° ，双手向胸前抱拳。两腿屈膝下蹲成马步，同时两拳拳心向内，怀抱于胸前，左拳在外，周身蓄劲。（图2-103）

图2-103

动作二：双脚蹬地，身体快速站起，头向上顶，同时双肘左右外顶发劲。目视正前方。（图2-104）

动作要点：双脚蹬地，头向上顶，双肘尖外击对方胸膛，动作快、猛，有双击对方胸部之意。

图2-104

第35式　裹果炮

动作一：接上式。站起身后，身体向右转；右拳向外拧旋，拳心由上变下，左手掌心向下按，位于左腰间，同时向右转腰。（图2-105）

动作二：左手由掌变拳快速向前冲击，左脚同时向前冲出；右手由拳变掌由前向后拉，位于右胯间，同时左腿弓步。目视左拳方向。（图2-106）

图2-105

图2-106

动作要点：右掌后拉，左拳前打与左腿同时快速打出，击向对方肋部大横穴、章门穴。

第36式　翻身固身炮

接上式。双脚猛速蹬地，从左向右全身跳起旋转180°，向斜后方落步，双手抱拳。左脚尖点地，右腿实、左腿虚；右拳位于右耳旁，拳心向外；左拳位于左胯前，拳心斜向下，双拳上下对拉、外撑。目视前方。（图2-107、图2-108）

动作要点：腿部蓄劲，快速跳起，控制身体，注意落步稳定。

图2-107

图2-108

第37式　手挥琵琶

接上式。双拳变掌向前合抱下按，左手微高、右手微低，由前向后回收；旋转到右腹侧时，双掌再向两侧左右分开，在身体两侧下方划一大弧形；随即左脚收回与肩同宽，两脚平行。目视前方。（图2-109）

图2-109

收势

接上式。双掌下按位于两胯外侧，两腿近似站直，两腋保持空虚，有一拳之距。左脚向右脚收回半步，双脚并拢，双手松垂于身体两侧。目光平视正前方。（图2-110、图2-111）

图2-110

图2-111

动作要点： 做到松肩沉肘、提顶吊裆、含胸拔背，收势应退回到起势原位，静站片刻，调息、调气、调意，收功。

第三章 武氏太极拳三路小架

一、概述

武氏太极拳三路小架始创于1862年，由武氏太极拳第二代宗师李亦畬创编。三路小架一直在武李太极门内流传，很少被外人所知。之所以三路拳法被称为小架，是因为它在拳势外形动作上相对另外两套拳势动作要小。小架步法小，但腰胯变化不小，内劲涌动较其他拳路更明显。秘诀一：小架如心经，藏于大架中；不练大架艺难成，不学小架心不明。秘诀二：小架不小，大架不大；去粗留精，奥秘成形。秘诀三：意念深长，气势滔滔；疾如闪电，忌似木雕。秘诀四：架无定架，步无定步；物我不分，有如云雾。秘诀五：无柔无刚，无走无黏；有如雷霆，有如闪电。三路小架秘诀是大纲，是练功指南。力求做到：知太极阴阳，明虚实开合；心知身随，心身合一；锻炼柔化功，蓄发劲为之，渐臻至柔至刚、刚柔浑然一体；脚不离脚，脚与踵接，手与膝连，高不过眼，低不过乳，远近不离膝脚。这是练习三路小架的基本特点。小架为文人所创、文人所传、文人所练，适合文人墨客、白领阶层练习。“拳打卧牛之地”，一两米见方即可练习。

二、拳式名称

预备势　　　　第1式　左懒扎衣

起势　　　　第2式　右懒扎衣

第 3 式 单鞭
第 4 式 提手上势
第 5 式 白鹤亮翅
第 6 式 左拗步掌
第 7 式 右拗步掌
第 8 式 搬拦捶
第 9 式 六封四闭
第10式 右贴靠回肘
第11式 左贴靠回肘
第12式 倒撵猴
第13式 搂膝拗步
第14式 手挥琵琶
第15式 按势
第16式 青龙出水
第17式 三通臂
第18式 单鞭
第19式 云手
第20式 单鞭
第21式 提手上势
第22式 高探马
第23式 右金鸡独立
第24式 右高探马
第25式 左金鸡独立
第26式 抱虎归山
第27式 指裆捶
第28式 左跨虎
第29式 左抱鼎势
第30式 右跨虎
第31式 右抱鼎势
第32式 左野马分鬃
第33式 玉女穿梭
第34式 踢一脚
第35式 蹬一脚
第36式 下势
第37式 迎面掌
第38式 手挥琵琶
收势

三、套路图解

预备势

身体自然立正，两足并立，两膝微屈，两臂松垂于身体两侧。目视正南方。（图3-1）

图3-1

起势

图3-2

左脚向左平移半步，与肩同宽，两脚平行，两膝微屈下蹲。两手掌微外旋翘起，掌心向下，五指向前，劲贯掌根。臀部向里收，吊裆提顶，小腹微有上翻之意，气沉丹田，成无极桩势。重心位于两脚之间，内劲下沉。（图3-2）

第1式　左懒扎衣

动作一：接起势。右腰眼微前旋，推起左腰眼微后转，重心移至右腿上，左脚向左前方45°迈步，两脚间距约一脚，脚跟着地，脚尖翘起。同时，身体向左前方45°摆正，两手掌向上划弧，竖腕坐掌，五指斜向上，左掌小指外沿向正前，远近不超过脚尖，中指尖与鼻尖平；右手掌位于右胸部，指尖高度与左手掌根基本相平，两手竖侧掌合抱于胸前。目光平视左手中指尖方向。（图3-3、图3-4）

图3-3

图3-4

动作要点：左右手各管半个身体，双手攻守，保护自己整个胸部和肋部。

动作二：左腰眼微后撤，右腰眼微前带，身体重心移向左腿；随后带动右腿向前跟步，脚尖点地，变为左实右虚步，两脚之间保持一脚距离；两手掌基本不变。面向东南方，目光向前平视。（图3-5）

图3-5

动作要点：身体各个部位调整摆顺，手脚上下相随，身体内外结合。自身在得机、得势情况下，上体保持不变，由右脚跟蹬地，而后推动左腿成弓步，但要求左腿膝盖不要超过脚尖，使整体重心前移向左腿，并保持身法完整。劲由下而上节节贯穿到小指外沿，目视正前方45°。

第2式　右懒扎衣

图3-6

动作一：接上式。以右脚跟为轴，脚尖内扣45°，身体重心仍落于左腿；同时右脚尖虚点地，脚跟内旋，两腿屈膝下蹲。两手掌高低位置互换，右手位于右胸前，掌根与肩平；左手位于左胸前，指尖与右手掌根平，竖腕坐掌，合抱于胸前，并含有外撑内抱之劲。身体摆正，面向西南方45°，目光平视右手指尖方向。（图3-6）

动作二：上体保持不变，右虚腿向西南方45° 迈步，脚跟着地，脚尖翘起；左脚跟蹬地，右腿弓步，重心调整前移。在上下相随、内外相合、得机得势的情况下，骨节涌动也可发力。（图3-7、图3-8）

图3-7

图3-8

动作要点：精神贯注，周身一家，后脚蹬地拔劲、腰胯脊柱发力要配合丹田气协调呼出。

第3式　单鞭

动作一：接上式。右腰眼微后撤，左腰眼前推，带动左腿向前跟半步，脚尖虚点地，两脚之间有一脚距离，重心仍坐于右腿，右实左虚；两手掌左右合抱于胸前。目光平视两掌方向。（图3-9）

图3-9

动作二：然后，右脚跟拧地，脚尖内扣60°左右，同时左脚跟内旋迈出，仍为右实左虚，两掌平行合抱于胸前，意念转向左手方向。左脚跟先着地，脚尖上翘，两手掌分于肩两侧，竖腕坐掌。右腿蹬地，身体重心前移，身体微转向东南方向。目光平视左手方向。（图3-10、图3-11）

图3-10

图3-11

动作要点：以下盘来推动上盘，即脚施于地的反作用力通过腿、腰、胯、肩、肘，再传导给两手掌发劲。

第4式　提手上势

接上式。以左实腿的脚跟拧地，脚尖内扣45°左右，右腿回收半脚，脚尖点地，仍为左实右虚步。右手下旋，掌心向下，五指斜向左，位于右胯前侧；左手微上抬，掌心向外，五指斜向右方，位于左耳旁。目光平视西南方向。（图3-12）

图3-12

动作要点：两手转换时，松肩沉肘，提顶吊裆，腰胯推磨，虚实分明。

第5式 白鹤亮翅

动作一：接上式。身体姿势基本不变，右手上撩，掌心向外，五指横侧掌位于额头上侧，距额头一手掌距离；左手竖侧掌位于胸前，掌沿向外，距胸部一手掌。目视西南方。（图3-13）

动作二：右虚脚向西南45°方向迈进，脚跟着地，脚尖翘起而后落实；左脚蹬地，身体重心前移，逐渐成右实左虚步。劲路由左脚贯穿上拔到两掌。（图3-14）

图3-13

图3-14

第6式 左拗步掌

动作一：接上式。右脚跟拧地，脚尖内扣60°左右，同时左脚跟内旋，脚尖转向正东方，身体也转向正东方。右腿实、左腿虚，右手竖腕坐掌位于右胸前；左手心向下，五指斜向右方，位于左胯上侧。目视正东方。（图3-15、图3-16）

动作二：左虚脚向前迈步，脚跟着地，脚尖翘起；上体基本保持不变。随后，右脚蹬地，推动身体重心前移，逐渐成左弓步；两手掌外形不变贯穿发劲。（图3-17、图3-18）

图3-15

图3-16

图3-17

图3-18

动作要点：身体位置摆正，手脚上下相连，内外相合。身体各部骨节调顺，节节贯穿。

第7式　右拗步掌

动作一：接上式。左脚不动，左腰眼微后撤，托起右腰眼微前带，随后带动右脚前跟半步，脚尖点地。右手掌下按，位于右小腹前，掌心向下，五指斜向前；左手向上划弧，竖腕坐掌，位于左胸前。目视正东方。（图3-19）

动作二：上体基本保持不变；左脚不动，右脚向前方迈步，脚跟先着地，随后左脚蹬地推动身体重心前移，逐渐成右弓步，右膝不可超过脚尖。（图3-20、图3-21）

图3-19

图3-20

图3-21

动作要点：向上拔劲时身体不可前俯后仰，要保持中正。

第8式　搬拦捶

动作一：接上式。两脚不动，腰微向右转，同时右手掌向上顺时针划圆变拳，四指握拳在内，拇指在外，拳心向上，拳眼向外。随后，左手掌下按，掌心向下位于胸腹前，同时带动左脚向前跟步，脚尖点地，位于右脚后内侧，为右腿实、左腿虚。此式右拳转为搬，左掌下按为拦。（图3–22、图3–23）

动作二：右脚不动，左脚向前迈步，脚跟着地，脚尖翘起。随后，右脚蹬地推动身体重心前移，变成左腿弓步；同时右拳由拳心向下用内劲向前冲拳，左手掌心微向下按。目视右拳正东方。（图3–24、图3–25）

图3–22

图3–23

图3–24

图3–25

动作要点：右脚蹬地劲上拔达右拳。

第9式　六封四闭

动作一：接上式。右拳变掌，两掌分开与肩同宽，五指向前、向下按。随后，右脚跟步，脚尖点地，位于左脚后内侧，仍为左腿实、右腿虚。有两掌下按、回捋之意，精神贯注于两掌根。（图3-26）

动作二：右虚步再后退到原位，随后带动左腿向后退半步，脚尖点地，成右实左虚步。两手有向下、向后捋按、回带之意。（图3-27）

图3-26

图3-27

动作三：右脚不动，左脚再向前迈步到原位，脚跟先着地。随后，右脚蹬地，推动身体重心前移，再成左弓步；同时两手掌下按前推，运动路线成横“S”形。（图3-28）

图3-28

第10式　右贴靠回肘

动作一：接上式。左脚尖微外摆，右脚向前跟步，脚尖点地成虚步。两手掌变拳相对，合抱于腹前，右虚步有向前迈步的趋势，成左实右虚步，两肘、两拳欲有撞击对方之意。（图3–29、图3–30）

动作二：右虚脚向正东方迈步，脚跟先着地；左脚尖微外摆，上体下蹲，右手臂有前靠蓄劲之意。随即，身体向东北方向转体45°左右。（图3–31）

动作三：蓄劲下蹲后，双脚用力蹬地身体上拔，同时两肘向两侧猛发劲，似向四周爆发。头向上顶，两肘向两侧发劲，两脚蹬地。（图3–32）

图3–29

图3–30

图3–31

图3–32

第11式　左贴靠回肘

动作一：接上式。右脚尖外摆，左脚尖内扣，两脚跟拧地，身体转向正东方；同时两拳心向内再合抱于小腹前。目视正东方。（图3-33）

动作二：右脚尖再外摆，脚跟拧地，左脚向前跟步，成右实左虚步；两拳仍合抱于腹前。左腿再向东迈步，脚跟先着地，而后踏平；左肘臂有靠对方之意。目视东方。（图3-34、图3-35）

动作三：左脚变实，身体转向东南方，两腿微屈下蹲成小马步；两拳仍相对合抱于腹前。然后，双脚蹬地，身体上起，头向上顶，两肘同时向两侧猛击。全身都有爆发劲，两肘有击打对方胸部之意。（图3-36、图3-37）

图3-33

图3-34

图3-35

图3-36

图3-37

动作要点：

上体拔起，两肘外击要快速爆发整体劲。

第12式　倒撵猴

动作一：接上式。两手由拳变掌，右手掌心向下，位于小腹上侧；左手竖腕坐掌，位于左胸前侧，掌心向右，五指斜向上。左脚跟拧地，脚尖内扣约90°，右脚向西南方迈半步，脚跟着地后，左脚蹬地，逐渐成右弓步。目视西南方45°。（图3-38~图3-40）

动作二：腰眼微后带，右脚踏实托起左腰眼，带动左脚前跟半步，脚尖点地。两手掌上下互换划弧，右手掌竖腕坐掌，掌心向左，五指斜向上，位于右胸前；左手掌心向斜下按至左小腹前上侧，有向左后方旋转的意思。（图3-41）

图3-38

图3-39

图3-40

图3-41

动作三：左脚向右脚后外侧迈步成交叉步。右脚跟拧地，脚尖内扣；左脚尖点地，有向左后方迈步之意。两手掌基本不变，仍是左手在下，右手在上，竖腕坐掌，有向左后顺势捋带、推击之意。（图3-42、图3-43）

动作四：身体转向西北方45° 时，左脚再向西北方迈步，脚跟先着地，右腿蹬地，劲向上拔，推进重心前移成左弓步；两臂基本不变。目视西北方向。（图3-44、图3-45）

图3-42

图3-43

图3-44

图3-45

动作五：左脚跟拧地，脚尖内扣，右腿跟半步。同时，两手掌上下交换划弧，右手掌心向下平按，位于右腹前；左手竖腕坐掌位于左胸前，五指向上。左实右虚步向后交叉。（图3-46、图3-47）

动作六：由左倒撵猴变右倒撵猴，身体向右后方旋转270°，由西北方转向西南方。右虚脚向西南45°迈步，脚跟先着地，随后由左脚跟蹬地推动身体重心前移成右弓步；两掌基本不变，与左倒撵猴动作一样。目视西南方。（图3-48～图3-50）

图3-46

图3-47

图3-48

图3-49

图3-50

第13式 搂膝拗步

动作一：接上式。右腰眼微后转，带动左腰眼前转的同时，左脚向前跟半步，脚尖点地。两手掌位置上下互换，左手位于左小腹前，掌心向下，五指向右；右手竖腕坐掌，位于右胸前。面向东方。（图3-51）

动作二：身体转向正东方，左手在下，右手在上。左虚步向前迈步，脚跟先着地，然后右脚蹬地推动身体重心前移成左弓步，两掌基本不变。面向正东方。（图3-52~图3-54）

图3-51

图3-52

图3-53

图3-54

第14式　手挥琵琶

接上式。重心前移到左腿，带动右脚向前跟半步，脚尖点地；两手掌五指向前，掌心向下，左手在前，右手在后，有下按、回捋、外带之意。右脚回撤半步，随即左脚也向回带半步，脚尖点地成右实左虚步；两手掌有下按、外捋、回带之意。（图3-55、图3-56）

图3-55

图3-56

动作要点：应避开自己的中心线划弧回捋。

第15式　按势

接上式。右脚为实，左脚在右脚的前侧，脚尖点地为虚。右手斜侧掌，小指沿向下，竖腕坐掌向下按；左手掌心向上，位于左胯外侧向上撩。整体屈膝下蹲，目视斜下方。（图3-57、图3-58）

动作要点：两肩不可斜，平行缓缓向下，头颈要正，百会穴仍有上顶之意。

图3-57

图3-58

第16式 青龙出水

动作一：接上式。右脚蹬地，推动身体慢慢上起，左手由后向前上方划弧，掌心向东，五指向上，位于左肩前微上侧；右手掌心位于额头上侧。同时，左虚脚向前迈步，脚跟先着地，然后右腿蹬地，重心前移，左脚踏平。目视左手掌方向。（图3–59）

动作二：以两脚跟为轴，左脚尖内扣120° 左右，右脚尖外摆120° 左右，身体从左向右旋转180° 面向西方。两手掌由头上方划大圆弧，右手竖腕坐掌旋转到右肩前侧，五指向上，掌心向西；左手横斜掌位于额头上方，距额头有一手掌宽的距离。身体转向西方后，重心在左腿，而后蹬地移向右腿。目视正西方。（图3–60、图3–61）

图3–59

图3–60

图3 61

第17式 三通臂

动作一：接上式。右脚向后撤半步，脚尖点地，调整身体重心后，再向后退半步，变为实腿；左脚由实变虚撤回一脚之距，脚跟提起，脚尖点地。同时，两手掌由上向下回收划弧，左手位于左胸前侧，竖腕坐掌；右手位于右胸前，两手上下合抱椭圆。目视左手指的方向。（图3-62、图3-63）

动作二：左脚再向前迈步，脚跟先着地，右脚蹬地成左弓步，向上拔劲。腰微向左转，右脚向前跟步，脚尖点地，仍为左实右虚步；同时两掌上下交换，两掌上下合抱椭圆。目视右手指的方向。（图3-64、图3-65）

图3-62

图3-63

图3-64

图3-65

动作三：右脚向西北45°方向迈步，脚跟先着地，左腿蹬地，右腿弓步，劲向上拔力达两掌缘。此动作近似于懒扎衣的外形，退三脚，进三脚。（图3-66、图3-67）

图3-66

图3-67

第18式　单鞭

动作一：接上式。左脚向前跟步，脚尖点地，右脚跟拧地，脚尖内扣90°左右，身体重心仍在右腿上。两掌合抱于胸前，欲有左右分开的趋势。目光平视两掌中间。（图3-68、图3-69）

图3 60

图3-69

动作二：右脚尖再内扣30° 左右，左脚向左迈出半步，脚跟着地；右脚蹬地推动身体重心前移，左腿弓步，脚尖踏实。向上拔劲的同时，双掌向左右分开，左掌根约与肩平。目视左手方向。（图3-70、图3-71）

图3-70

图3-71

第19式 云手

动作一：接上式。身体重心后移向右腿；左手由上向下划弧，位于左腹前侧，掌心向下；右手掌心向外位于右肩上侧。然后，两手上下同时交换划弧，左手位于左肩外侧，五指斜向上，掌心向外；右手位于腹前，掌心向上。目视东方。（图3-72）

图3-72

动作二：左脚向东方迈步，身体向正东转腰摆正，右脚蹬地劲向上拔。然后，左腿弓步落实，左手在上，竖腕坐掌；右手在下，掌心向上。目视左手方向。（图3–73）

动作三：左实脚脚跟拧地，脚尖内扣，同时右脚变虚脚，脚尖点地，身体向右旋转。左右手上下交换划弧，左手位于小腹前侧，右手位于右胸上侧，有向西转变的趋势。（图3–74）

动作四：左脚尖内扣，右脚回收半脚之距，身体转向正西方。右手在上，斜侧掌位于右胸前；左手掌心向上，位于小腹前侧，双掌合抱于胸前。劲由左腿向上拔，微旋转腰部。目视右手方向。（图3–75、图3–76）

图3–73

图3–74

图3–75

图3–76

第20式 单鞭

动作一：接上式。左脚跟步，脚尖点地，随后右脚跟拧地，脚尖内扣90°左右，身体重心仍在右腿上。两掌合抱于胸前，欲有左右分开的趋势。目光平视两掌中间。（图3-77）

动作二：右脚尖再微扣，左脚向左迈出半步，脚跟着地，而后由右脚蹬地推动身体重心前移成左弓步。向上拔劲的同时，双掌向左右分开，左掌根与左肩平。目视左手方向。（图3-78）

图3-77

图3-78

第21式 提手上势

接上式。腰向左旋转，身体转向东南方。右手由上向下划弧，位于右腹外侧，掌心向下，五指向前；左手掌斜向前，位于左肩前侧。目视东南方向。（图3-79）

图3-79

第22式　高探马

动作一： 接上式。右脚向前跟步点地，成左实右虚步；左手掌心向前，右手掌心向上，合抱于胸前，两臂腋下要有一拳之距。（图3-80）

动作二： 上体基本不变，右脚向东南方迈步，先由脚跟着地，再由左脚蹬地推动身体重心前移成右弓步。目视东南方。（图3-81）

图3-80

图3-81

第23式　右金鸡独立

接上式。左脚向前跟步，脚尖点地，为右实左虚步，右脚尖微内扣，身体转向正东方。右手掌心向下，五指向前，位于右胯外侧；左手掌心向前，位于左肩前侧。由右脚蹬地，左腿屈膝上提，小腿与大腿成90°，膝与胯平，脚尖下垂，保持重心稳定。目视左手方向。（图3-82）

图3-82

动作要点：右脚蹬地，头向上顶。左手上托，右手下按，双掌形成上下对拉。左腿上抬，并有外踢的趋势。呈前后膨胀、内外浑圆的整体劲，保持身体平稳，不可左歪右斜。

第24式　右高探马

接上式。左脚迈向东北方45° 落地，脚跟先着地，而后右脚蹬地、左脚踏平成左弓步。两手掌上下合抱于胸前，左手掌心向上，五指向前，与左脚方向一致；右手掌心向下，五指斜向上。目视东北方向。（图3-83、图3-84）

图3-83

图3-84

第25式 左金鸡独立

接上式。腰微左转，右脚向前跟步，脚尖点地，成左实右虚步，左脚尖微内扣，身体转向正东方。左手掌心向下按，五指向前，位于左胯外侧；右手掌心斜向上，位于右肩前上侧。然后，左脚蹬地，带动右膝上提，使小腿与大腿成90°，脚尖向下松垂。目视右手掌方向。（图3-85、图3-86）

图3-85

图3-86

第26式 抱虎归山

动作一：接上式。右脚向左脚后方落地，脚尖点地，仍是左实右虚步。右手由上向下划弧，掌心向斜下；左手由下向上划弧，竖腕坐掌位于左肩前侧。目视右手方向，有向右后转的趋势。（图3-87）

图3-87

动作二：以左脚跟拧地，脚尖内扣135°左右，身体向右转，由东向西旋转180°，仍是左实右虚步。然后，右虚脚向西北方迈步，再由左脚蹬地推动身体重心前移成右弓步，两掌同时前推。目视西北方。（图3-88、图3-89）

图3-88

图3-89

第27式　指裆捶

动作一：接上式。左脚向前跟步，脚尖点地，成右实左虚步。右手由掌变拳，位于右小腹前；左手掌向左下方划弧。目视西方。（图3-90）

图3-90

动作二：左虚脚再向前迈步，脚跟着地，然后由右脚蹬地，推动身体重心前移，左脚落平成左弓步；同时右拳向斜下方击打，左手掌心向下，五指向前，位于左胯外侧。目视右拳方向。（图3–91、图3–92）

图3–91

图3–92

第28式 左跨虎

接上式。右脚向前跟步，脚尖点地，仍是左实右虚步，屈膝微下蹲。同时，两手变拳，上下对拉，左手拳心向下，拳眼向内，位于左胯侧；右手拳心向外，拳眼向下，位于右肩前上侧。然后，右腿后撤步，带动身体重心后移，左脚随之后撤，成右实左虚步。目视正西方。（图3–93、图3–94）

图3–93

图3–94

第29式　左抱鼎势

动作一：接上式。左脚再向前微迈步，仍是两脚间有一脚之距；两拳变竖掌，两掌心之距与身体同宽，十指张开向前，位于腹两侧。右脚蹬地，推动身体重心前移成左弓步，下盘内劲贯穿到十指尖上向前插去。目视十指尖方向。（图3–95、图3–96）

图3–95

图3–96

动作二：右脚向前跟步，同时双掌变拳，拳心相对，与身体同宽，位于腹部前上侧。然后，左腿蹬地推动身体重心前移，使右腿微弓步，劲达两拳，有用内劲击打对方腹部的意念。目视两拳方向。（图3–97）

图3–97

第30式 右跨虎

接上式。左脚前跟半步，随即再退回原位，身体重心后移到左腿，成左实右虚步。右拳向下拉，位于右胯外侧；左拳向上旋，拳心向外，位于左肩外上侧，两拳上下对拉划弧，上体拔劲。目视西北方。（图3–98、图3–99）

图3–98

图3–99

第31式 右抱鼎势

接上式。右虚脚微后退半步，随即再迈到原位；同时两拳变竖掌，掌心相对，与身体同宽，十指伸直，面向西北方向。然后左脚蹬地，身体重心前移逐渐成右弓步，内劲贯达十指尖并有穿插对方腹部的意念。目视十指方向。（图3–100）

图3–100

第32式 左野马分鬃

动作一：接上式。左脚向右脚内侧跟步，脚尖点地，为右实左虚步。右手下旋，掌心向上，位于右腹部前侧；左手上旋，掌心向外，肘与肩平，有下沉之意，位于左胸前侧。目视左手肘方向。（图3–101）

动作二：左脚继续向西南迈步，脚跟先着地，右脚蹬地推动身体重心前移使左脚落实，成左弓步，意贯左手前臂与左肘及右手掌和五指尖，向左转腰磨胯。目视西南方向。（图3–102、图3–103）

图3–101

图3–102

图3–103

动作三： 右脚向前跟步于左脚内侧，脚尖点地，成左实右虚步。同时两掌上下互换位置，左手下旋，掌心向上，位于小腹；右手上转，掌心向外，位于右肩前侧（两臂腋下皆有一拳之距）。身体转向西北方，目视右手臂方向。（图3–104）

图3–104

动作四： 右虚脚再向西北方迈步，脚跟先着地，然后左脚蹬地，劲向上拔，推动身体重心前移，右脚弓步落实。同时，右手上撩向外反掌，左手掌心向上、五指斜向前同时推出。目视西北方。（图3–105、图3–106）

图3–105

图3–106

第33式　玉女穿梭

动作一： 接上式。左脚向右脚后内侧跟步，脚尖点地，成右实左虚步。左手横掌有上撩之趋势；右手竖侧掌有下按前推之意。（图3–107）

动作二： 右脚尖微内扣，调整身体重心，面向西南方。左手上撩，掌心斜向上，位于额头上侧约一拳之距；右手竖腕坐掌，小指缘向前推动，位于右肩前侧。左脚向西南方迈步，脚跟着地，而后右脚蹬地推动身体重心前移，使前脚踏平成左弓步。目视西南方向。（图3–108）

动作三：左脚尖内扣，脚跟拧地。右手向下划弧位于左腹部；左手向上划弧，掌心向外，位于面前。（图3–109）

动作四：右脚向左脚的后外侧交叉退步，脚尖点地；左脚尖内扣共270°（可两次完成），调整身体重心，面向东南方。同时，右手上撩于额头上侧，掌心向外，距额头一手掌之距；左手竖腕坐掌，小指缘向前，位于左胸前。（图3–110）

图3–107

图3–108

图3–109

图3–110

动作五：右脚向东南方向迈步，脚跟先着地，而后左腿蹬地推动身体重心前移，使右脚尖落实并成右弓步；双掌同时前推。目视东南方向45° 。（图3-111）

图3-111

第34式 踢一脚

动作一：接上式。腰微右转，身体重心前移，左脚实、右脚虚，随后左脚跟步，脚尖点地。两手掌回捋下按合抱于腹前，屈膝下蹲蓄劲，面向西南方。（图3-112）

动作二：右脚蹬地推动身体上起，带动左脚尖绷直外踢。同时，双掌前后分开，左手和左脚方向一致；右手向右后方分开推出。目视左脚尖方向。（图3-113、图3-114）

图3-112

图3-113

图3-114

第35式 蹬一脚

接上式。左脚向右脚前外侧落地，随即右脚尖拧地，身体由左向右转，成左实右虚步，右脚尖点地。左手竖腕坐掌位于左胸前，和左脚方向一致；右手斜侧掌位于右胸前侧。左脚蹬地成左独立式，带动右腿屈膝上抬；右脚尖回钩，脚跟着意用力向外蹬出。双掌同时配合前后快速分开，整体发劲到脚跟。目视东方右脚方向。（图3–115 ~ 图3–117）

图3–115

图3–116

图3–117

动作要点：保持重心平稳，身法不可左右歪斜。

第36式 下势

接上式。左脚蹬后向前落步，重心仍在右脚。右手掌向前带，下按回捋；两手同时向下、向外回捋，整体向右转腰磨胯。目视双掌方向。（图3-118、图3-119）

图3-118

图3-119

第37式 迎面掌

接上式。回捋后，右手由下向上划小立圆，掌心向前，五指向上；左掌翻转掌心向上在腹前，双掌整体推出；右腿及腰胯推动身体向前弓步，有右手掌击打对方面门之意。（图3-120）

图3-120

第38式　手挥琵琶

接上式。右脚向前跟步，脚尖点地，左腿实、右腿虚；两手掌一前一后位于胸前，十指向前。右脚向右后方撤半步，重心后移带回左脚，退回原位；两掌有下按、回捋、外採、前推之意，保持前后左右各方支撑八面。目视双手方向。（图3-121、图3-122）

图3-121

图3-122

收势

接上式。双掌回捋下按，十指向前，掌心向下，微屈膝，双脚与肩同宽，平行而立成无极桩势。左脚再收回半步，并脚站立成起势状，调息、调气、调意。（图3-123、图3-124）

图3-123

图3-124

第四章
武氏太极拳推手

一、推手的目的与作用

武氏太极推手是检验太极拳套路与身法是否正确的一个过程，双方通过推手听劲和摸劲来了解对方的虚实变化。同时，运用不丢不顶、粘连黏随的手法和劲路，来检验自己内外三合是否达到预定的目标。其要领在于守中护中、打中用中，即用自己的中心线来攻击对方的中心线。

二、推手练习

（1）甲、乙双方对面而站，相距为一臂之距。双手掌松垂于身体两侧，目光专注于对方眼神及咽喉。黑衣方为甲方，白衣方为乙方。（图4-1）

（2）双方同时左脚向左平移半步，两腿微屈，双手竖腕坐掌、十指伸直向前。与太极拳架起势动作要领相同。（图4-2）

（3）甲方上右腿，伸右掌在前与乙方左手搭腕，左手托住乙方右肘关节，左腿在后，重心在左腿。乙方右腿前迈至甲方右腿外侧，左手托住甲方肘关节，右手搭住甲方的右手腕。互相听劲、摸劲，目光专注于对方。（图4-3）

（4）甲方双臂微向上绷劲划弧，左手向上划弧，向乙方中线进攻。乙方顺势左手腕迎接，右手掌紧拖甲方的左肘尖。甲方右手掌紧按住乙方的左肘尖，双掌向下后捋带，重心后移。乙方随之重心前移，左腿弓步。（图4-4）

（5）双方换手后再迈步。甲方身体重心移到左腿时，右虚脚向后撤一步。乙方身体重心移向左腿时，右虚脚向前迈进一步，进步时要迈在甲方的左腿外侧。（图4-5、图4-6）

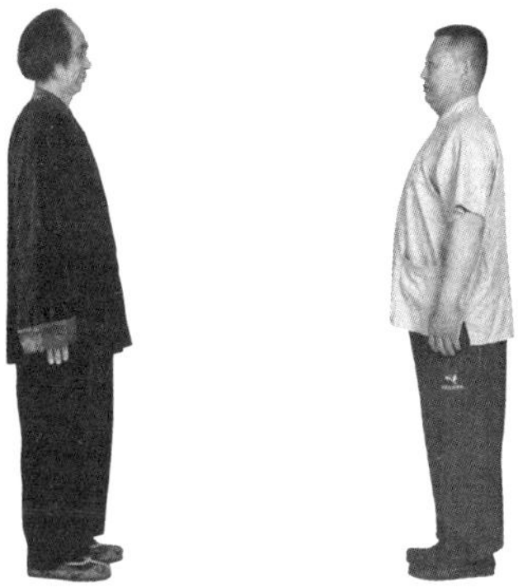
图4-1

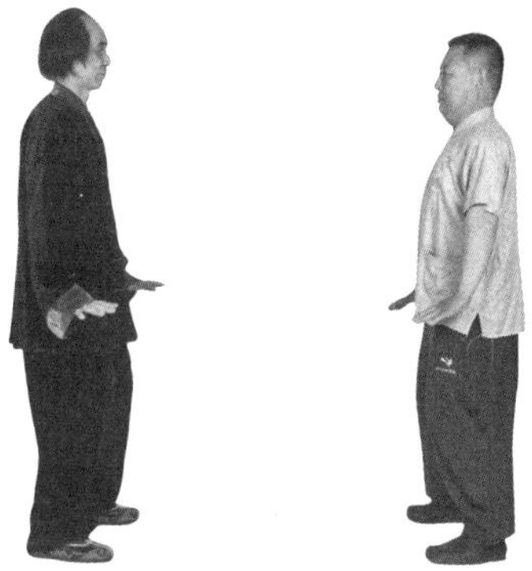
图4-2

图4-3

图4-4

图4-5

图4-6

（6）双手手腕紧接，手掌紧托肘尖保持不变。甲方身体重心移向左腿后，右脚再后撤一步。乙方身体重心移到右脚后，左脚抬起向甲方裆位迈进一步。（图4-7、图4-8）

（7）双方落步后，甲方前脚尖微后撤半步距离，调整身体重心，重心位于左腿。乙方向前微跟半步距离，调整身体重心前移向左腿。（图4-9、图4-10）

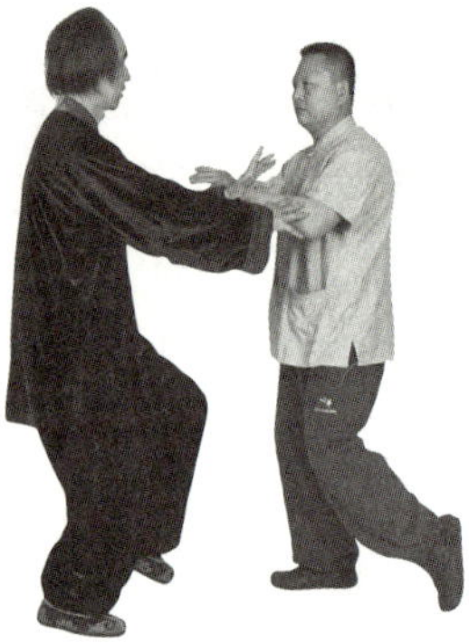
图4-7

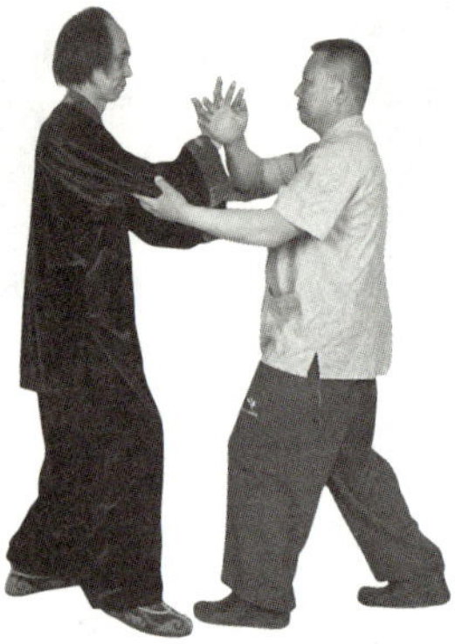
图4-8

图4-9

图4-10

（8）双方腰胯左右旋转，两手上下交换。甲方左手上旋，手掌背部接乙方的右手腕；微转腰磨胯，右手由乙方肘下紧接按住乙方的左肘尖。同时，乙方右手紧按住甲方的左肘尖。（图4-11）

图4-11

（9）双方换手后上身保持不变。甲方身体重心移向右腿，左腿向前迈步落在乙方右腿的外侧。同时，乙方重心移向右腿，左腿后撤一大步。双方进退不丢不顶，退步黏得住，进步紧相跟。（图4-12、图4-13）

（10）甲方腰胯微左转，重心移到左腿后，右虚步再向前迈一步，向乙方腿内侧插进裆部位置。同时，乙方重心移到左腿后，右腿虚步再向后撤一步。甲方右腿在内，乙方左腿在外。（图4-14、图4-15）

如此循环往复，交替摸劲，自然行走。

图4-12

图4-13

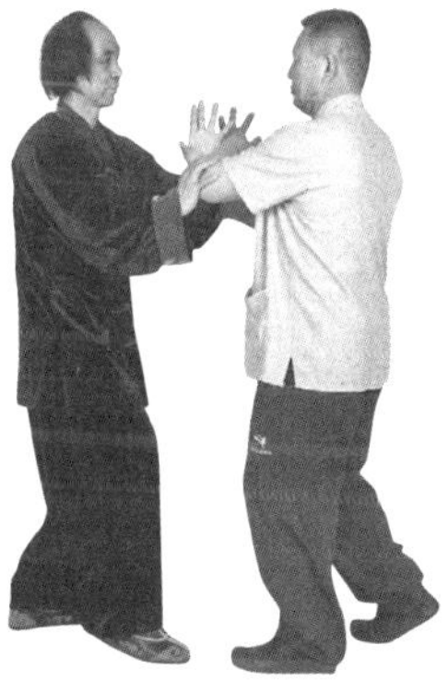

图4-14

图4-15

第五章 武氏太极龙凤剑

一、概述

武氏家传太极剑——也称武李氏龙凤太极强身剑，始创于同治壬戌年（1862年），由武禹襄祖师与其两个外甥李亦畬、李启轩共同研创。此剑法实用性强，每一招皆可为对敌应用，毫无虚招，也可与太极龙头回肠刀对练，是看家护院、强身健体的主要兵器之一，古时一直在武李门内秘传，直到武氏太极拳第四代嫡系传人李锦藩先师才在19世纪80年代初传于部分入室弟子。此剑法蕴藏着较深的道家文化哲理，如剑式名称有“启炉丹成”“道心如尽”“大道混一”等。现有武氏太极拳第六代传人朱瑶盛先生入门十三年演练示范动作。此剑法在练功之前要自然静站三分钟并心中默背三遍秘歌：

青锋无法实有法，传来真法何用多。
切记三法浑一体，攻守肘腕是秘诀。

二、剑式名称

预备势
起势
第1式　登门拜友
第2式　拨云摘星
第3式　打草惊蛇
第4式　指东击西
第5式　陇西四势
第6式　负荆请罪

第 7 式 倒撵猴
第 8 式 雄鹰捕兔
第 9 式 专诸刺撩
第10式 陈仓飞渡
第11式 撩袍端带
第12式 怀中抱笏
第13式 平旦鸣钟
第14式 野马分鬃
第15式 惊涛骇浪
第16式 玉女穿梭
第17式 落地锦
第18式 青龙出水
第19式 懒扎衣
第20式 六封四闭
第21式 燕归巢
第22式 鸡鸣起舞
第23式 启炉丹成
第24式 大道浑一
收势

三、套路图解

预备势

双脚自然并立，左手持剑置于左手臂后侧，剑尖向上，剑柄向下。目视正前方（南方）。（图5–1）

图5–1

图5–2

起势

左脚向左外侧平移半步，与肩同宽，双膝微屈，右手自然放于右胯外侧。目视正前方。（图5–2）

第1式　登门拜友

动作一：接起势。重心移向左腿，随即右脚尖点地；左手掌向上划弧，右手掌紧贴于左手腕外侧，与肩稍高。右脚向右前方迈步，脚尖翘起，脚跟着地；然后，左脚蹬地，重心前移，成右弓步。目视剑柄前方。（图5-3）

动作二：上体基本不变，右脚尖翘起，脚跟拧地，双脚向内旋转90° 左右，同时带动身体从右向左旋转，重心位于右腿。目视剑柄。（图5-4）

图5-3

图5-4

第2式　拨云摘星

接上式。重心位于右腿，面向东方；右手顺势握剑向右上方划弧，左手变剑指位于胸前侧。左脚脚尖点地回收半步，以腰胯旋转从右上方向下划弧；右手手心由向外变为向上，左手剑指随右手划弧，左腿提膝，左脚尖绷直。目视剑尖。（图5-5、图5-6）

图5-5

图5-6

第3式　打草惊蛇

接上式。左腿向后撤一大步，身体重心慢慢后移（由右腿移向左腿），成右弓步。右手握剑，剑尖由上向下划360°大弧形；左手剑指放于右剑柄内侧。目视剑尖。（图5-7、图5-8）

图5-7

图5-8

第4式　指东击西

动作一：接上式。重心再后移向左腿，带动身体和双臂，同时剑尖也后移划立圆旋转，由上向下、由立剑变成平剑，成歇步；左手剑指外翻位于额头，右手持剑向前刺出。目视剑尖方向。（图5-9、图5-9正）

图5-9

图5-9正

动作二：身体上起，左腿向前迈步成左弓步；右手拖剑，剑尖向下，左手剑指向外，位于左肩外侧。目视剑尖方向。（图5-10）

动作三：重心缓慢移向左腿，右腿向前迈一步，脚尖点地；右手持剑，拳心向上，左手剑指附于右手旁边。目视剑尖。（图5-11）

图5-10

图5-11

动作四：右腿向正西前方迈步，左腿蹬地成右弓步，重心前移；双手不变向前平刺出。目视前方。（图5-12）

图5-12

第5式 陇西四势

动作一（里剪腕）：接上式。重心后移向左腿，再成左弓步；剑尖斜向上，有斜劈向下之意，左剑指位于左额头外侧。目视剑尖。（图5-13）

动作二（刺胸）：双脚不动，向右转腰，重心向前位移，由左弓步转为右弓步；右手掌心变为向上、向前平刺出，左手剑指附于右手掌根后侧。目视剑尖。（图5-14）

图5-13

图5-14

动作三（躲腕）：双脚不动，重心再移向左腿；同时上体后撤，左手剑指移向头上。目视剑尖。（图5–15）

动作四（躲剑）：左脚不动，右脚向南方移步，脚尖点地为虚步；同时右手持剑由下向上划弧，掌心向内位于右肩上侧，左手剑指位于左头部上侧。目视剑身前端。（图5–16）

动作五（坐腕）：身体重心移向右腿，同时快速上步，转体180°，双腿下蹲成马步；右手持剑由斜横剑变为竖立剑向下竖切，左手剑指敷贴于右手腕上。目视剑身中部。双腿屈膝下蹲，有带动双臂由上向下拉切之意。（图5–17、图5–17正）

图5–15

图5–16

图5–17

图5–17正

动作六（撩腕）：左脚尖外摆，脚跟拧地，带动腰向左转，身体重心移向左腿；右手持剑上撩，左手剑指位于左肩外侧。身体重心全部移向左腿，左脚蹬地，向左转腰，带动右腿屈膝上提，右脚尖向下绷直；右手持剑由下方向斜上方划弧撩剑，左手剑指移向头部上侧。目视剑身前端。（图5–18）

动作七（砍腿）：右脚向东方迈成盖步，即右腿从左膝前迈步成交叉步。同时，右手持剑拳心向内，由上向下划弧，剑尖斜向下移向身后；左手剑指斜向上，位于左耳前侧。目视身后剑中部。（图5–19）

动作八（拖剑）：上体不变，右脚位置未动，重心继续前移，左脚向东方迈一大步，成左弓步。目视剑身。（图5–20）

动作九（回身反剑）：左脚跟拧地，脚尖翘起，向内扣转；同时带动身体重心反转180°，面向西方。目视剑尖。（图5–21）

图5–18

图5–19

图5–20

图5–21

动作十（外剪腕）：左脚不动，右脚向后撤一步，身体重心后移至右腿。右手持剑由下向上划竖圆弧，拳心向内，剑尖斜向下；左手剑指置于胸前，拳心向外。目视剑尖。（图5-22）

动作十一（刺肋）：左脚不动，右脚蹬地，向前迈一大步，重心前移，成右弓步。右手持剑向外反转，拳心向上，向前平刺对方肋骨方向；左手剑指置于右手腕。目视剑尖。（图5-23）

动作十二（躲腕）：腰向左转，身体重心移向左腿，成左弓步。剑尖由下向上快速划弧，双手置于脸前，剑尖斜向上。目视剑身。（图5-24）

动作十三（撩腕）：左脚蹬地成左独立式，右腿向左上方屈膝抬起，右脚尖绷直向下。同时，右手持剑由斜上方自左向右划弧，手心向外，剑刃向上撩起；左手剑指随右手移至胸前。目随剑走。（图5-25）

图5-22

图5-23

图5-24

图5-25

动作十四（砍腿）：左腿独立不变，右脚扣向左膝外侧；右手持剑由上向下划弧，剑尖向下方划弧。目视剑身。（图5-26）

图5-26

第6式　负荆请罪

动作一：接上式。右脚向前方迈一大步，成左弓步，左腿蹬地，脚尖向内扣。同时，右手持剑拳心向内，附于右肩外侧，剑尖斜向后；左手位于胸外侧。目视剑尖。（图5-27）

动作二：双脚位置不变，左脚尖内扣，右脚尖外摆；同时，身体向后旋转180°，成右弓步。剑从上方向下方划弧，位于右膝前侧。目视剑尖。（图5-28）

图5-27

图5-28

动作三： 右腿不动，左腿向前跟进半步，脚尖虚点地，屈膝下蹲至大小腿成90°。双手移至膝前上侧，剑尖向上绷挑。目视剑尖。（图5-29）

图5-29

第7式　倒撵猴

动作一： 接上式。右脚蹬地，推动身体上移，左腿向后撤一大步。右手持剑由上向下划弧，拳心向外，剑尖向下；左手剑指位于胸前。目视剑尖。（图5-30）

动作二： 身体重心移向左腿，右脚向左后方迈成交叉步。右手持剑，剑尖由下向上旋转划弧；左手剑指移向头上。目视剑尖。（图5-31）

图5-30

图5-31

动作三： 左脚内扣，右脚外摆，脚跟拧地，身体继续向右旋转180° 。右手持剑，拳心向外，剑尖向下；左手剑指置于左耳旁。目视剑尖。（图5-32）

左脚再向左后方迈一大步成左交叉步，身体从右向左再转180° ，旋转动作左右再重复一次。

图5-32

第8式 雄鹰捕兔

动作一： 接上式。身体重心移向右腿，左腿再向后交叉成虚步；右手剑尖由下向上划立圆弧形，左手剑指附于左耳外侧。目随剑尖旋转。（图5-33）

动作二： 右脚蹬地成右独立式，左腿屈膝上提成90° 左右，转腰，面向西方。右手持剑由头部上方向下旋转划弧，剑尖斜向下刺；左手剑指位于左胸前。目视剑尖。（图5-34）

图5-33

图5-34

第9式 专诸刺撩

动作一、二： 接上式。左脚向前迈一大步，脚跟先着地，而后重心前移向左腿，随即身体由上向下左旋转，同时带动双手臂向身体左侧划一逆时针立圆。右手持剑，拳心由内向外变拳心向内，向前方刺去。目随剑转的方向。（图5–35、图5–36）

图5–35

图5–36

动作三： 紧接着右脚继续向前迈一大步，重心快速前移成右弓步；随即双手附于剑柄向前平刺出。（图5–37）

图5–37

动作四：右腿成独立式，左脚抬起水平向后蹬直；右手持剑向前平刺，左手剑指附于剑把后侧，尽可能将剑身与人体保持在一条直线向前延伸。目视剑尖方向。（图5-38）

图5-38

第10式 陈仓飞渡

动作一：接上式。身体快速向左旋转，面部转向东南方，右脚仍蹬地独立，同时左膝快速弯曲成90°，左脚尖向下绷直。右手持剑快速旋转，剑身横平下按、下切，位于右胯外侧；左手剑指位于左耳旁外侧。目视剑身中部。（图5-39）

动作二：左脚向前迈步落地后，再快速蹬地，双脚腾空跳起。同时，右手持剑由下向上快速划弧位于头部上侧；左手剑指划弧位于左胯外侧。目视东方。（图5-40）

图5-39

图5-40

第11式 撩袍端带

动作一： 接上式。双脚落地后，左脚再快速向前迈一步成左弓步。右手持剑从上向下划弧，拳心向内，剑尖移向左腿前侧斜向下；左手剑指位于额头前。目视剑尖方向。（图5-41）

动作二： 腰向右转，同时向前迈右腿成右弓步。右手持剑从左向右划弧，位于右腿前侧，拳心向内下，剑尖斜向下；左手剑指位于左肩前上侧。目视剑尖。有拦挡对方刀砍腿之意。（图5-42）

图5-41

图5-42

第12式 怀中抱笏

接上式。左腿再向前迈一步成左弓步，右腿随即向前跟步，左脚尖虚点地，身体屈膝下蹲90° 左右。右手持剑由下向上划弧，剑尖向上绷挑；左手附于右手腕附近。目视剑尖中上部。有挑对方持刀的手肘之意。（图5-43、图5-44）

图5-43

图5-44

第13式　平旦鸣钟

接上式。左脚蹬地推动身体上起，同时右腿向前再迈步成右弓步。右手持剑由下向上划弧位于额头前，拳心向下，剑刃向外横于面前，剑尖指向北方；左手剑指竖于胸前。双目平视剑身。有横拉对方颈项之意。（图5-45）

图5-45

第14式 野马分鬃

动作一：接上式。身体重心后移向左腿，左脚跟拧地，脚尖内扣，带动身体从左向右旋转180° 左右，成左实右虚步，右脚尖虚点于地。右手持剑顺时针划一小立圆，剑尖斜向上；左手剑指位于左耳上侧。目视剑尖。剑尖有削撩对方肘腕之意。（图5-46）

动作二：右脚向右前方迈步，由虚腿变实腿，成为右弓步；左脚跟拧地，脚尖内扣，身体向右旋转。同时，右手持剑，由拳心斜向上变为斜向外，且剑尖向外旋转斜向上；左手移向左肩前侧。目身剑尖。（图5-47）

图5-46

图5-47

动作三：左腿继续向前迈一大步，身体向左旋转。同时，右手持剑，手腕由外向内旋转位于胸前，剑尖斜向上；左手剑指移向左耳外侧。目视剑尖。以上动作左右再向前迈步各重复一次。（图5-48）

图5-48

动作四： 腰再向右转，重心移向右腿，左脚再向前迈步，成右实左虚步。右手持剑，剑尖斜向上，左手剑指指向前方。目视剑指方向。（图5–49）

图5–49

第15式　惊涛骇浪

动作一： 接上式。右脚不动，身体重心向左旋转。左虚脚再快速向后撤一大步，成左弓步。同时，右手持剑由上向下划弧，拳心向内，剑身斜横于右肩外侧，剑尖斜向上；左手剑指移向左耳侧。目视剑身中部。有躲闪外推化去对方砍刀之意。（图5–50）

动作二： 随即，左脚蹬地推动身体重心再移向右腿，成右独立式，带动左腿屈膝上提成90°左右，左脚尖绷直下垂。右手持剑，剑尖顺势上刺，变拳心向外；左手剑指指向剑尖方向，位于左耳旁。目视剑尖。（图5–51）

图5–50

图5–51

第16式 玉女穿梭

动作一：接上式。腰向左转，左脚向东南方迈步，剑尖由上向下划弧，有斜切对方手腕之意，剑指位于右腹前侧。目视剑尖。（图5–52）

动作二：重心移向左腿，右脚向前迈步，脚尖虚点地。右手持剑由拳心向内快速变为拳心向外，同时剑尖划一小立圆向外反转斜向下；左手剑指位于右手腕下侧。目视剑尖前下侧。（图5–53）

图5–52

图5–53

动作三：左脚蹬地，右虚脚再快速上步向东南方。右手腕旋转持剑，拳心向上，剑尖划小立圆向前刺出；左手剑指附于右手腕附近。目视剑尖。（图5–54）

图5–54

动作四：右实腿脚尖内扣135°左右，左脚尖点地脚跟内转，身体由右向左后方旋转180°。转身后面向西北方，紧接右脚再向前迈一步成右弓步。右手持剑从头部上侧划弧向下剪刺对方手腕，同时手腕旋转剑尖划立圆；左手剑指附于剑柄后侧。目视剑尖。（图5-55）

动作五：身体重心再移向左腿，右腿向左前方迈步，面向西南下蹲成马步。右手持剑变竖立剑，剑刃向外由上向下划弧；左手剑指附于右手腕。目视剑身中部。有下拉对方手臂之意。（图5-56）

图5-55

图5-56

动作六：腰向右旋转，重心移向右腿，右脚蹬地，同时左脚离地，屈膝90°左右，脚尖下垂。右手持剑上抬，剑身由竖变横，剑上撩位移到头部上侧；左手剑指位于左肩前侧。目视剑身中上部。（图5-57）

图5-57

动作七：随即，左脚向东南方落步成左弓步，右脚不动。同时，右手持剑由上向下划弧位于右腿外侧，剑刃向后下，剑尖斜向下，拳心向内；左手剑指位于左肩上外侧。目视剑尖。（图5-58）

动作八：身体重心全部移向左腿，成左独立式，带动右腿屈膝上提成90°，右脚尖向下绷直。右手持剑翻腕上撩划弧，拳心向内，位于右肩前上侧，剑尖斜向上；左手剑指位于左耳外上侧。目视剑身中部。（图5-59）

动作九：左脚不动，右腿向左腿外侧迈十字交叉盖步。右手持剑由上向下划弧，剑尖斜向下，位于身后，拳心向内；左手剑指仍在左耳外侧。目视剑尖下部。（图5-60）

图5-58

图5-59

图5-60

第17式　落地锦

动作一：接上式。上体基本不变，右脚不动，左脚再向前迈一步成左弓步，身体重心移向左腿。右手持剑向斜下，与右腿保持一致，左手剑指仍在左耳旁。目斜视剑尖。（图5-61）

动作二：重心位于左腿，以左脚跟为轴脚尖内扣旋转近360°，同时，右脚离地悬空，身体向后快速旋转360°。右手持剑剑尖向下，与右腿保持方向一致向后旋转（即为后旋风腿）。目视剑尖旋转。（图5-62）

动作三：身体旋转接近一周后，右脚落地成右弓步。右手持剑位于面前，剑尖向左前方；左手剑指竖于右胸前侧。目视剑尖。（图5-63）

图5-61

图5-62

图5-63

第18式 青龙出水

动作一：接上式。左脚向前跟步，脚尖点地，右脚蹬地，左脚再向前迈步成左弓步。双手基本位置不变，上体同时向前推去。目视剑尖。（图5-64）

动作二：右脚不动，左虚脚向前迈步；右脚蹬地，身体整体向前移动。目视剑尖。（图5-65）

动作三：双脚跟拧地，左脚尖内扣，右脚尖外旋，身体由左向右旋转180°，由左弓步变为右弓步。右手持剑，拳心向外变拳心向内；左手剑指掌心向外位于左耳外侧。目视剑尖。（图5-66）

图5-64

图5-65

图5-66

第19式　懒扎衣

接上式。身体重心后移向左腿，将右脚抽回到左脚附近，随即再迈出回到原位，即是懒扎衣。有刚撤回身体随即再刺向对方咽喉之意，为随躲即进。（图5-67）

图5-67

第20式　六封四闭

动作一：接上式。身体重心完全移向右腿，同时腰向右转，左腿向前迈步且屈膝上提成90°，左脚尖下绷，成右独立式。右手持剑手腕反转，拳心向外，上提划弧，剑尖斜向下位于胸前；左手剑指竖于剑尖内侧。目视剑尖。（图5-68）

图5-68

动作二：右脚跟拧地，独立的左脚尖内扣180°，左脚向左后方落地；身体快速由右向左旋转180°，左脚尖虚点地后又快速抬起向前垫步。右手持剑，拳心向上，剑身平刺前方；左手剑指附于剑柄后侧。目视剑尖。（图5-69）

动作三：右脚不动，左腿抬起，左脚尖绷直。右手持剑由外向里平移，剑尖向外；左手位于剑柄上方。目视前方。（图5-70）

图5-69

图5-70

第21式　燕归巢

接上式。左脚向正东方抬踢起，快速迈一大步后；紧接着右脚向前跟步，跟的位置正是左脚落地的位置，同时左脚再快速离开地面继续向前迈步，成左弓步。右手持剑拳心向上剑身平刺；左手剑指向下位于剑柄后侧。目视剑尖。意为垫步快速平刺前胸腹部。（图5-71、图5-72）

图5-71

图5-72

第22式　鸡鸣起舞

动作一：接上式。身体向右转，右手持剑由右下方再向左上方划弧，而后再向右上方划一大弧形，剑尖斜向上，同时带动左腿屈膝上提成90°，脚尖下垂绷直；左手剑指指向剑尖。目视剑尖。（图5-73）

动作二：左脚向左后方撤一大步成左弓步，同时带动右手持剑由上向下划弧，剑尖向外平拉；左手剑指位于额头前侧。目视剑尖。（图5-74）

图5-73

图5-74

第23式　启炉丹成

接上式。右脚再向后撤半步，双腿下蹲成马步。右手持剑竖于胸前，剑尖向上；左手剑指附于右手腕处。目视剑身中部。（图5-75）

图5-75

第24式 大道浑一

接上式。双手向两边左右分开平举，剑身由下向上划弧，而后在面前划立圆至于胸前竖剑。同时，左脚再收回半步，双脚平行而立，右手向左手递剑，收回到原位如起势状。目视前方。（图5-76、图5-77）

图5-76

图5-77

收势

接上势。双手自然下垂，左手握剑，将剑垂直置于左肩后侧。双目平视南方，放松意念，平稳呼吸。（图5-78）

图5-78

第六章
武氏太极龙头回肠刀

一、概述

武氏太极龙头回肠刀始创于同治壬戌年（1862年），由武禹襄祖师与其二甥李亦畬、李启轩共同研创。同年李亦畬中举人，并创有刀剑对练、四刀对练、四刀与反四刀对练。古时一直在武李家族门内秘传，直到武氏太极拳第四代嫡系传人李锦藩先师因膝下无子故而打破门规，才在19世纪80年代中期传于永年广府个别入室弟子。

太极龙头回肠刀刀身长80厘米，刀宽6～8厘米，重2～3公斤，刀前上端有6厘米长的回钩，近似于龙头形状，故而称龙头回肠刀。据说此刀的用法：一是刺进敌人的肚子里左右旋转，可以将敌人小肠拉出腹外。二是与剑对练当接触对方剑时，刀背向剑身方向旋转并回拉，可以将对方的剑快速夺带出手。三是在套路演练过程中，太极刀走大圈、绕外圈，身法、步法速度快。

（一）练习要领

（1）掌法：五指自然伸直，掌心内凹， 有侧掌、竖掌、平掌等，以竖腕坐掌为主。

（2）眼法：眼为心之苗，乃精神团聚之点、意念观察之处。刀行何处眼观六路，目光紧跟得住。

（3）身法：身体中正安舒，不可左歪右斜。以脊柱竖直、腰胯旋转虚实变换为主。

（4）步法：两腿虚实分明，皆有含蓄之处。不可有两腿站直之时。进步退步要走弧形曲线，步法要灵敏多变。

（5）精、气、神的内三合与手脚、肘膝、肩胯的外三合皆要高度协调统一。日积月累久而久之，苦练娴熟自能得之。

（二）练功秘歌

在练功前，心中要默默熟背练功秘歌。

一曰：

刀似游龙势如涛，雷厉风行震山岳。
步法轻敏眼如电，胸襟宏阔胆气豪。
四势娴熟多变化，机韬莫测艺自高。
阴阳相济方为善，阴阳分隔技不巧。
若问阴阳在何处，细测脚下与手腰。
欲显男儿好身手，阴阳契合现奇功。
果识套路真隐妙，刀行空中空不空。
参得其中真妙谛，走遍天下路皆通。

二曰：

如虎如涛　震撼山岳　四势娴熟　肘腕缠绕
阴阳契合　胆壮气豪　空而不空　制胜根苗

以下套路图解，是武氏太极拳第五代直系传人孙建国先生亲传弟子马高锋先生示范的套路。此刀法在套路演练过程中所描述的前、后、左、右，皆是指演练者本人眼前的方向。

二、刀式名称

预备势
起势
第 1 式　投石问道
第 2 式　陈涉揭竿
第 3 式　渭滨垂钓
第 4 式　单鞭
第 5 式　怪蟒出洞
第 6 式　回头望月
第 7 式　陇西四势
第 8 式　问津指迷
第 9 式　锦鸡点头
第10式　燕子抄水
第11式　野渡舟横
第12式　龙腾虎跃
第13式　左遮右揽
第14式　托梁换柱
第15式　搂膝拗步
第16式　虎项系铃
第17式　撩叶觅桃
第18式　长虹横空
第19式　白猿献果
第20式　绕树寻枝
第21式　梨花弄风
第22式　懒扎衣
第23式　白蛇吐信
第24式　金风扫叶
第25式　花落水红
第26式　斩断孽根
第27式　皈依我佛
第28式　五蕴皆空
收势

三、套路图解

预备势

身体自然立正，两脚平行并立，左手持刀，刀刃向前，刀柄向下位于左臂前。右手五指并拢向下，松垂于右腿外侧。目视正前方。（图6-1）

图6-1

起势

左腿向左平移半步，比肩微宽，微屈膝。右手掌腕翘起，掌心向下，五指向前，位于右胯外侧；左手臂腋下微微悬空，空出一拳之距。目视左前方。（图6–2）

图6–2

第1式　投石问道

接起势。腰微向左转，重心移向右腿，左脚尖虚点地，随后落实。然后，右腿向前迈一大步，成右弓步。左手持刀向左前上方抬起，刀刃向上划大弧形，位于左胸前；右手手掌上抬位于左手臂外侧，五指向上，掌心向上。目视左手前方。（图6–3、图6–4）

图6–3

图6–4

第2式　陈涉揭竿

动作一：接上式。重心后移向右腿，左脚尖翘起。右手掌从左手上方划圆形向下；左手向右手递刀，右手握住剑柄，从上向下划弧。目视前方。（图6-5）

动作二：右腿不动，左腿向右后方位移一大步，仍保持右弓步姿势。右手持刀，刀刃从上向下划弧砍出；左手掌心向下按，位于左胯外侧。目视刀尖方向。（图6-6）

图6-5

图6-6

第3式　渭滨垂钓

接上式。重心后移向右腿，左脚尖带回点地。右手持刀向下划弧，刀尖向下，位于右腿前侧；左手掌心向外，五指斜向上位于左肩前上侧。目视刀尖方向。（图6-7）

图6-7

第4式 单鞭

接上式。左腿不动，右腿向前方迈一大步，成右弓步。同时，右手持刀，从下向左再向上划弧，刀刃向前，位于右肩前侧；左手向后推出。目视刀刃方向。（图6-8）

图6-8

第5式 怪蟒出洞

动作一： 接上式。右脚不动，左脚向前方迈步，成右实左虚步脚尖点地。右手持刀向下划弧，刀尖向下，刀刃向后，位于左膝外侧；左手掌紧按于刀背中部。目视前方。（图6-9）

动作二： 右脚不动，左脚向前迈步，左腿屈膝提起成90°，脚尖下垂。右手持刀由下向上划弧，刀刃向前，刀尖向下，位于胸前；左手紧贴于刀背，五指由下转为向上。目视刀刃方向。（图6-10）

图6-9

图6-10

第6式　回头望月

动作一：接上式。左脚向前落地，右脚紧跟一步，落到左脚的位置，垫步快速向前落地，左脚尖翘起。右手持刀，刀柄向上，刀尖向下，位于胸前；左手紧贴于刀背。目视前方。（图6-11）

动作二：右腿再向前迈一步，右脚跟拧地，脚尖内扣180°，左脚向右方迈步，同时身体从左向右旋转180°。右手持刀由下向上划360°大弧形，随身体向斜下方砍去；左手随身体旋转置于左肩外侧。目视前方。（图6-12）

图6-11

图6-12

第7式　陇西四势

动作一（外剪腕）：接上式。左腿不动，左脚尖翘起，右腿后撤一步，重心位于右脚。右手持刀，向右外侧划一立圆弧形，刀尖斜向下砍出，位于小腹前侧；左手掌向下，五指向右，位于右手腕内侧。目视刀尖方向。意念为砍向对方持剑手腕外侧。（图6-13）

图6-13

动作二（刺肋）：左脚不动，右脚向前迈一大步，成右弓步。右手持刀，由刀尖向下变为刀尖向前，平刺对方肋部；左手掌下按，位于右手腕内侧。目视刀尖方向。（图6-14）

动作三（躲腕）：重心后移向左腿，右脚尖翘起，向左前方位移半步。同时，右手持刀向左前方快速躲闪于右肩前侧，拳心向内，刀刃向上；左手掌掌心向后，五指向前上，位于左肩后侧。目视右手腕方向。（图6-15）

图6-14

图6-15

动作四（撩腕）：左脚不动，右胯微上提，带动右腿屈膝上提90°，脚尖下垂。右手持刀，由左向右旋转上撩，刀刃向上，刀尖向左，位于右肩前上侧；左手位于左胸前，掌心向外。目视刀刃方向。（图6-16）

图6-16

动作五（砍腿）：左脚不动，右脚向左膝外侧迈成十字交叉步。同时，右手持刀，由上向下划弧，位于左腿后侧，刀尖向下；左手位于左肩前侧，掌心向外，五指向上，位于左肩前侧。目视刀尖方向。意念为砍对方小腿。（图6–17）

动作六（转身）：右腿不动，左腿再向前迈一步，以左脚跟为轴，脚尖内扣135°，身体从左向右旋转180°。右手持刀，位于右胯外侧，刀尖由斜向下变为向上反转，刀尖向前；左手竖腕坐掌，位于左胸前侧。目视左手掌方向。（图6–18）

动作七（刺胸）：重心前移，右腿向下再迈一大步，成右弓步。右手持刀向前平刺出去；左手附于右手刀柄后侧。目视刀尖方向。意念为刺进对方的胸部。（图6–19）

动作八（里剪腕）：双脚不动，重心后移向左腿，成左弓步。右手持刀划小弧形，刀尖斜向上，位于右胯前上侧；左手由前向后，掌心向外，五指向上，推拉划弧。目视刀尖方向。意念为砍对方的手腕内侧。（图6–20）

图6–17

图6–18

图6–19

图6–20

动作九（刺腹）：双脚不动，重心前移，再成右弓步。右手持刀，再向前直刺出去；左手掌竖腕坐掌附于右手刀柄后侧。目视刀尖方向。意念为刺向对方腹部。（图6–21）

动作十（躲腕）：左脚不动，重心后移至左腿，右脚向右前方移动半步，脚跟着地，脚尖翘起。右手持刀，同时快速左移，手心向内，刀刃向上；左手掌位于左肩外侧，竖腕坐掌。目视刀柄方向。（图6–22）

动作十一（坐腕）：重心移向右腿，脚跟着地，右脚尖外摆90° 左右，左脚向前迈一大步，屈膝下蹲成马步。右手持刀，从上向下划弧，刀尖向上，刀刃向外，竖于腹前；左手竖腕坐掌紧贴于刀柄内侧。目视刀身方向。意念为切割对方手腕外部。（图6–23、图6–23正）

图6–21

图6–22

图6–23

图6–23正

动作十二（抹项）：双脚不动，身体向左转腰磨胯，成左弓步。右手持刀，从下向上划弧，位于胸前，刀刃斜向上；左手附于刀柄后侧。目视刀刃上方。意念为切割对方颈项。（图6-24）

动作十三（砍腿）：左脚不动，腰胯向左旋转，右腿屈膝抬起约成90°，脚尖向下绷直。右手持刀从上向下划弧，位于右胯后外侧，刀尖斜向下砍出；左手竖腕坐掌，五指向上，掌心向外。目视刀刃方向。意念为刀砍对方小腿部。（图6-25）

图6-24

图6-25

第8式　问津指迷

动作一：接上式。左脚位置不动，右脚向前落地，成十字交叉步，身体从右向左旋转360°。同时，右手持刀，刀尖由下向前划弧；左手位于左胸前，掌心向右，五指向上，竖腕坐掌。日视左手掌前方。（图6-26）

图6-26

动作二： 双脚不动，左脚落实成左弓步，右脚蹬地。右手持刀从右向左旋转，刀尖由下向上划弧，位于胸前；左手掌心向下，位于左胯外侧。目视刀尖方向。（图6–27）

图6–27

图6–28

动作三： 左脚不动，右脚向前迈步，重心前移，成右弓步。右手持刀，从身体左外侧划一立圆弧形，向前刺去；左手掌位于右手腕内侧。目视刀尖方向。（图6–28）

第9式　锦鸡点头

接上式。左脚向前跟步，而后再向前迈一小步，双腿屈膝半蹲。右手持刀，刀尖向下再向上划弧；左手附于刀柄后侧，与右手同步动作。目视刀尖。（图6–29、图6–30）

此动作连续向前跨步，重复三次。

图6–29

图6–30

第10式　燕子抄水

接上式。左脚上一大步，右脚跟进，双腿屈膝半蹲。右手持刀由下向上绷挑划弧，刀尖斜向上；左手贴于刀柄后侧。目视刀尖。（图6-31）

图6-31

第11式　野渡舟横

动作一：接上式。左脚不动，两脚蹬地，身体重心上移，右腿向后撤一大步，成右弓步。右手持刀向后划弧，刀刃向上，刀尖斜向前，位于左胸前侧；左手半握拳，拳心向外紧贴于刀背。目视刀刃中前侧。（图6-32、图6-32正）

图6 32

图6-32正

动作二：双脚不动，腰胯带动身体由左向右整体旋转，双手持刀从左向右划弧。目视刀刃方向。（图6-33、图6-33正）

动作三：上体位置不变，双脚蹬地，同时向右后方腾空跳起，整体后移一大步。意念为躲闪对方刀剑。（图6-34）

动作四：腾空落地后，保持起跳前的身体原姿势。（图6-35）

图6-33

图6-33正

图6-34

图6-35

第12式　龙腾虎跃

动作一：接上式。身体重心由右向左旋转移向左腿，右腿向前迈一大步，脚跟着地，脚尖翘起。右手持刀由后上方向下方划一立圆，位于右胯前侧；左手掌向后，五指张开，掌心向后。目视刀尖。（图6-36）

动作二：重心位移右腿，左腿伸直向上踢起，脚尖绷直。同时左手掌拍打左脚面，右手持刀在右胯外侧。目视脚尖方向。（图6-37）

图6-36

图6-37

动作三：由左腿带动身体，向上腾空旋转180°左右。右手持刀随身体腾空旋转，左手拍打右脚面后落地。目视前方。（图6-38）

图6-38

第13式　左遮右揽

动作一：接上式。重心位于左腿，右腿蹬地，成左弓步。右手持刀，从右向左划弧，刀刃斜向上；左手竖腕坐掌，掌心向外，五指斜向上，位于左肩外侧。目视刀尖。（图6–39）

动作二：左腿不动，右腿向后撤一大步，身体重心位于右腿，由左向右旋转180° 左右。同时，右手持刀由左向右划弧，刀刃由上向下位于小腹前；左手竖腕坐掌附于刀背上侧。目视刀尖方向。（图6–40）

图6–39

图6–40

第14式　托梁换柱

接上式。右腿向前迈一步后，左腿再向前迈一大步，成左弓步。右手持刀，从下向上划一大弧形，刀柄向右，刀刃向上，横托于额头上侧；左手掌掌心向上，拇指在前，四指在后，紧托刀背。目视刀刃方向。（图6–41）

图6–41

第15式　搂膝拗步

接上式。左脚不动，右脚向前迈一步，上体脊椎竖直成跪步姿势（左膝顶住右腿委中穴处）。右手持刀由上向下划弧，位于右大腿外侧，刀尖向前；左手竖掌坐腕，五指向上，掌心向前。目视手掌前方。（图6–42）

图6–42

第16式　虎项系铃

接上式。双脚蹬地，重心上移，左脚向前迈一大步，右脚不动，成左弓步。右手持刀从下向上划弧，刀尖由向前变为向后，刀刃向外，位于项前；左手五指向上，掌心向外，附于刀柄处。目视刀刃方向。（图6–43、图6–43正）

图6–43

图6–43正

第17式　撩叶觅桃

动作一：接上式。以左脚跟为轴，脚尖内扣180° 左右，右脚向左腿后外侧迈一大步，成交叉步，同时身体随两腿向后旋转。右手持刀从左向右划弧，刀刃向前，刀尖斜向上，位于脸前；左手竖腕坐掌位于左肩前。目视前方。（图6-44）

动作二：左脚不动，右脚向前迈一大步成虚步。右手持刀从右上方向左上方划一大弧形，刀尖斜向上；左手竖腕坐掌位于刀柄后侧。目视刀尖方向。此动作再左右各重复两次。（图6-45）

图6-44

图6-45

第18式　长虹横空

动作一：接上式。右脚不动，左脚向前迈一大步成弓步。右手持刀由上向下划弧，刀刃由向上变为向下，向前平刺出；左手竖腕坐掌，位于刀柄内侧。目视刀尖。（图6-46）

动作二：左脚不动，屈膝下蹲；右脚向前跟步，脚尖虚点地，位于左脚内侧。双手持刀向前平刺。目视刀尖。（图6-47）

图6-46

图6-47

第19式 白猿献果

接上式。左脚不动，右脚再向前迈一大步，成右弓步。右手持刀，刀尖向前变为刀尖向左划弧，抬于额前；左手掌心向上，紧托刀背中部。目视刀刃方向。（图6-48）

图6-48

第20式 绕树寻枝

动作一：接上式。双脚不动，重心后移成左弓步。右手持刀由上向下划弧，刀尖向前，刀刃向下，位于右胯前侧；左手从上向下划弧，位于左胸前侧。目视刀尖。（图6-49）

动作二：右脚不动，身体重心移向右腿。腰胯由左向右旋转，同时左腿屈膝向上提起成90°，脚尖绷直下垂。右手持刀由下向左再向上划弧，刀尖向下，刀刃向外成提刀势；左手掌五指向上，掌心向外，紧贴于刀背后面。目视刀刃方向。（图6-50）

图6-49

图6-50

动作三：左脚向前落地，右脚再向前紧迈一步，快速垫步，再前迈一步，迅速向回转身180°，右脚又前进一步，脚尖翘起，左腿微屈。右手持刀从下向上划360°大立圆弧；左手竖腕五指向上，掌心向外。目视刀尖。（图6-51）

图6-51

动作四：双脚不动，重心前移，成右弓步。右手持刀，刀尖由斜向上变为斜向下，竖于胸前；左手五指向上，掌心向外紧贴于刀背后侧。目视刀柄方向。（图6-52）

动作五：右脚不动，腰胯向右旋转，重心位于右腿；左腿屈膝上提成90°，脚尖向下绷直。双手姿势基本不变，位置稍微上提。目视刀刃方向。（图6-53）

图6-52

图6-53

动作六：左脚向前落地，右脚紧随向前垫步，左脚再向前迈一步，右脚继续向前迈一步，脚尖绷直；重心位于左腿，微屈。右手持刀从上向下划弧，刀尖仍然向下，刀刃向外；左手掌心向外，五指向上，位于左肩外侧。目视刀刃方向。（图6-54）

图6-54

动作七：重心前移，右脚尖内扣带动身体旋转180° 左右；左腿向右腿后方迈步，成交叉步。右手持刀，刀尖由下向上再向下划360° 大立圆弧；左手竖腕坐掌位于左肩外侧。目视刀尖方向。（图6-55）

动作八：右脚不动，重心前移，左腿屈膝抬起成90° ，脚尖绷直。右手持刀，刀尖由斜向上变为斜向下划弧；左手五指向上，掌心向外紧贴于刀背。目视刀刃方向。（图6-56）

动作九：左脚向前落地，右脚向前快速垫步后，左脚再向前迈一大步，左脚向后成右交叉步，右脚尖内扣翘起，与身体同时旋转180° 。右手持刀从右向左划360° ，变刀尖向上；左手竖掌坐腕，掌心向外，五指向上，位于左肩外侧。目视刀柄方向。（图6-57、图6-58）

图6-55

图6-56

图6-57

图6-58

图6-59

动作十：右脚落实，左脚向前迈步，脚尖翘起。右手持刀，刀尖向下，刀刃向外，竖于身前；左手掌心向外，五指向上，紧按于刀背。目视刀刃方向。（图6-59）

图6-60

动作十一：重心移向左腿，右脚再向前迈一步，右脚跟拧地，脚尖内扣旋转180° 左右，左脚尖翘起外摆。右手持刀，随身体由下向上划360° 圆弧；左手竖掌坐腕，五指向上，掌心向外。目视左手掌。（图6-60）

第21式　梨花弄风

图6-61

图6-62

接上式。右腿再向前迈步落实，成右实左虚步，左脚离地直腿抬起至右膝高度。右手持刀从右向左划弧，刀尖由向上变为斜向后；左手五指张开紧贴于刀背后侧。同时左腿带动整个身体旋转360° 。目视刀刃方向。（图6-61、图6-62）

第22式 懒扎衣

接上式。以右脚跟为轴旋转一周后，左脚落地，右脚再向前迈一大步，成右弓步。右手持刀，刀尖由向下变为斜向上砍出；左手五指向上竖腕坐掌，附于右手腕内侧。目视刀刃方向。(图6-63)

图6-63

第23式 白蛇吐信

接上式。右脚不动，重心前移，随即左脚向前迈一大步，成左弓步；同时右手持刀，刀刃旋转180°，由向下变为向上刺出。然后，左脚向前跟步，双腿屈膝下蹲；左手五指张开向上，掌心向前紧托于刀柄。目视刀尖方向。（图6-64、图6-65）

图6-64

图6-65

第24式 金风扫叶

动作一：接上式。右腿不动，左脚向前迈步成左弓步。右手持刀，刀尖向前变为刀尖向下，竖于胸前；左手虚握拳，拳心向外紧贴于刀背。目视刀柄前方。（图6-66）

动作二：身体重心向后移向右腿，左腿脚尖离地带动身体从左向右旋转，双腿微屈。右手持刀随身体旋转一周，刀尖向下，刀刃向外；左拳紧贴于刀背。目视前方。（图6-67）

图6-66

图6-67

第25式 花落水红

动作一：接上式。左脚抬起旋转180°左右后落地，右脚蹬地成左弓步。右手持刀，刀尖斜向下；左手掌心向外，五指向上。目视刀尖。（图6-68）

图6-68

动作二：重心移向左腿，屈膝下蹲，右腿向内收回半步，脚尖虚点地。右手持刀同时向内收回，刀尖向下，置于小腹前；左手掌心向外，五指向上置于左肩前侧。目视刀尖方向。（图6–69）

图6–69

第26式　斩断孽根

动作一：接上式。左脚不动，右脚向右迈一步，成右弓步。右手持刀由下向上划弧，刀尖向左，刀刃向外，位于项前；左手掌心向外，五指向上，附于右手腕内侧。目视刀尖方向。（图6–70）

动作二：右脚跟拧地，脚尖外摆，左脚跟进迈一大步，成左弓步。右手持刀随身体旋转由上向下划弧，刀尖斜向下方，位于右腿外侧；左手五指向上，掌心向外推出，位于左肩外侧。目视刀尖方向。（图6–71）

图6–70

图6–71

第27式　皈依我佛

接上式。两脚不动，身体重心移向两腿中间，屈膝下蹲成马步。右手持刀，由右下方向右上方划一大弧，刀尖向上，刀刃向外，位于胸前；左手五指斜向上，掌心向左附于刀柄。目视刀刃前方。（图6-72）

图6-72

第28式　五蕴皆空

动作一：接上式。双脚不动，身体微微上起，两手由下向上再向左右两边分开。由右手持刀，递为左手持刀。刀柄向外旋转，刀刃向上，刀背紧贴于左手臂上侧。目视前方。（图6-73）

动作二：双脚不动，双手同时向上抬起。左手持刀，刀柄向上，刀尖向后。目视斜上方。（图6-74）

图6-73

图6-74

收势

接上式。左腿向右腿收回，双脚并拢。左手持刀，自然下垂，刀尖向上，刀刃向前；右手掌腕翘起下按至右胯外侧，掌心向下。随即，右手自然下垂。目视前方。（图6-75、图6-76）

图6-75

图6-76

第七章
武氏太极一路、二路十三杆

一、概述

武氏太极十三杆分一路太极十三杆、二路太极十三杆和一路与二路对练杆，始创于咸丰辛酉年（1861年），由武禹襄祖师与其二甥李亦畬、李启轩宗师共同研创，古时一直在武李门内秘传。特别是一路杆子走小圈、绕内圈非常小巧紧凑，以腰胯的旋转、脊椎的内转来推动双臂，带动杆子螺旋运动缠绕，久而久之形成人杆一体的内功境界。一路太极十三杆是武李门内看家之功法，过去从不轻易示人，更未外传，故而以前先外传出二路太极十三杆。

武氏太极拳第四代嫡系传人李锦藩先师曾讲："二路杆子进攻为主，一路杆子防守破解为主，二路杆子走大外圈，一路杆子绕小内圈。一路杆走内劲为主，全靠腰胯、脊椎骨缝的内转开合来推动双臂拧转，是带动杆子旋转小内圈进行攻防的套路。此两路杆每势可变为数势，功到自能，无需尽述。临敌应用，奥妙无穷，威力无限。练功时，既可单练，亦可二人散扎，如欲两路交替散扎，于宿鸟归巢后接拗步刺脚。一路杆掤杆靠震改接二路杆青龙出水，即可周而复始往复习练。然散扎最忌二杆互相碰击，两杆相接只可两相摩擦，不可不知，引以为律也。"

一路二路对练杆了便是门内秘传功法，现由武氏太极拳第六代邯郸传人王会平演练一路太极十三杆，浙江传人陈贤伟演练二路十三杆，由武氏太极拳第五代直系传人孙建国先生传授并讲解。

练功之前要先背诵秘歌：

掤挑合按须认真，粘连黏随紧相跟。
圈圈务必练得熟，中正莫离胸腹心。
妙用全在开与合，腰脚一磨吉凶分。

二、一路十三杆杆式名称

预备势
起势
第1式　拗步刺脚
第2式　拽肘刺胸
第3式　下採上挒
第4式　外托劈刺
第5式　回捋刺膝
第6式　退步崩挑
第7式　进步托摔
第8式　退步挑掷
第9式　摇身刺喉
第10式　退步捋摔
第11式　掤杆靠震
第12式　践步回刺
第13式　手挥琵琶
收势

三、一路十三杆套路图解

预备势

双腿并拢，两脚平行站立。右手自然下垂握杆，杆垂直于地面，位于身体右侧；左手五指向下，掌心向内贴于左腿外侧。目视前方。（图7-1）

图7-1

起势

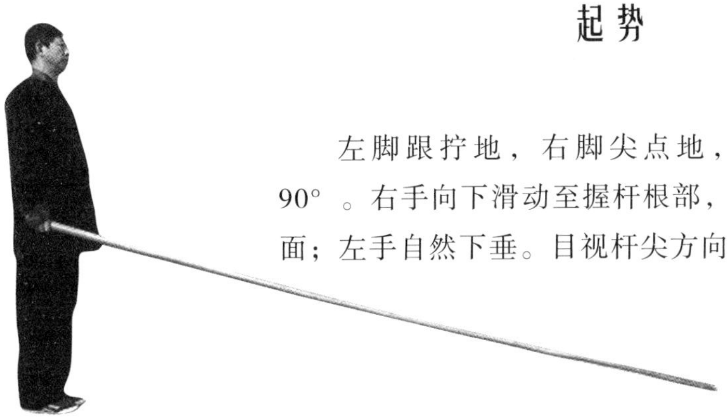
图7-2

左脚跟拧地，右脚尖点地，身体向左旋转90°。右手向下滑动至握杆根部，杆尖向前垂于地面；左手自然下垂。目视杆尖方向。（图7-2）

第1式　拗步刺脚

动作一：接起势。左脚不动，右脚向左前方迈一大步，成交叉步。左手拇指和食指伸直，其他三指弯曲握住杆中部内侧（半把握杆）；右手握住杆子根部，杆子斜置于胸前。目视杆尖。（图7-3）

图7-3

动作二：右脚不动，左脚顺势向前迈一大步，成左弓步。双手握杆，杆尖顺时针划一小立圆，向前下方刺去。目视杆尖。（图7-4）

图7-4

第2式 拽肘刺胸

动作一：接上式。双脚不动，身体重心移向后腿。以左手握杆为支点，右手握杆底部向后压拽，同时杆尖向上位移。目视杆尖。（图7–5）

动作二：双脚不动，右脚蹬地，重心前移，成左弓步。双手握杆向前（向对方胸部）拧刺出去。目视杆尖。（图7–6）

图7–5

图7–6

第3式 下採上挒

图7–7

动作一：接上式。左脚不动，右脚跟步向前，随即再后撤回原位。双手握杆，杆尖斜向上，杆子由左向右旋转，身体后坐，意为下採对方的杆子到我方下外侧。目视杆尖。（图7–7）

动作二： 双脚不动，右脚蹬地，推动身体前移。双手握杆，杆子由下向上拧转外捌，意为上捌对方的杆子与人到外侧。目视杆中部。（图7-8）

图7-8

第4式　外托劈刺

动作一： 接上式。左脚不动，右脚向前跟进半步，脚尖点地，双腿屈膝下蹲，成左实右虚步。双手持杆于胸前。目视杆中部。（图7-9）

图7-9

动作二： 左脚不动，右脚向左前方迈步，左脚蹬地，重心前移，成右弓步。双手持杆，向外推出。目视杆前端。（图7-10）

图7-10

动作三：右脚不动，左脚向前跟步，右脚蹬地，推动重心前移，成左弓步。双手持杆，杆尖由上向下，劈刺对方下腹部。目视杆尖。（图7-11）

图7-11

第5式　回捋刺膝

动作一：接上式。左脚不动，右脚向前跟步，随即再撤回原位，重心后移向右腿，带回左腿，脚尖点地。双手持杆，杆尖旋转向后捋回。目视杆尖。（图7-12）

动作二：右脚蹬地，左脚向前迈步，重心前移成左弓步。双手持杆，逆时针旋转，刺向对方膝关节方向。目视杆尖。（图7-13）

图7-12

图7-13

第6式　退步崩挑

图7-14

接上式。左脚不动，右脚跟进，随即撤回原位，重心位于右腿，屈膝微下蹲，而后带回左腿，成右实左虚步。双手持杆，以左手为支点，右手下压，杆尖由下向上划弧。目视杆尖。（图7-14）

第7式　进步托摔

图7-15

接上式。右脚不动，左脚向前迈步，而后左脚蹬地，重心后移，同时腰部由左向右旋转，身体重心由左腿移向右腿，成右弓步。双手握杆，由左向右旋转划一小立圆，杆尖斜向上。目视杆中部。（图7-15）

第8式　退步挑掷

接上式。右脚不动，身体由右向左旋转，左脚跟着地，脚尖翘起，成右实左虚步。双手握杆，杆尖由下向上划弧挑掷。目视杆尖。（图7-16）

图7-16

图7-17

第9式 摇身刺喉

接上式。右脚不动，左脚向前快速迈步，成左弓步，同时身体由左向右猛烈旋转。双手持杆，由上向下快速刺向对方咽喉。目视杆尖。（图7-17）

第10式 退步捋摔

图7-18

接上式。左脚不动，右脚向前跟步，随即撤回原位，而后身体重心后移，带回左腿脚尖点地，成右实左虚步。双手握杆，由前向后旋转捋带至胸前。目视杆中部。（图7-18）

第11式 掤杆靠震

接上式。双脚不动，身体由右向左旋转，左脚稍微后撤，脚尖点地，重心仍在左腿。双手持杆，杆尖由右上方向左下方旋转，左手快速外推，右手向内猛拉，靠腰胯的力量使杆子猛烈震动。目视杆尖。（图7-19）

图7-19

第12式　践步回刺

动作一：接上式。左脚落实，脚跟拧地，脚尖内扣150°左右，身体后转，右脚向前成弓步。双手持杆，杆尖向下顺时针划一小立圆，左手由掌心向上变为掌心向下，按于杆中部。目视杆尖。（图7-20）

动作二：重心前移至右腿，左脚尖绷直向前迈步踢去。双手持杆，左手由掌心向下从左向右内旋拧转为掌心向上托杆；同时，右手旋转握住杆根部。目视右拳方向，意念在后方。（图7-21）

图7-20

图7-21

动作三：左脚落地，右脚向前快速紧跟一步至左脚位置，左脚紧随向前再垫跨一步。双手持杆位置和姿势不变。眼向前看，意在身后。（图7-22）

图7-22

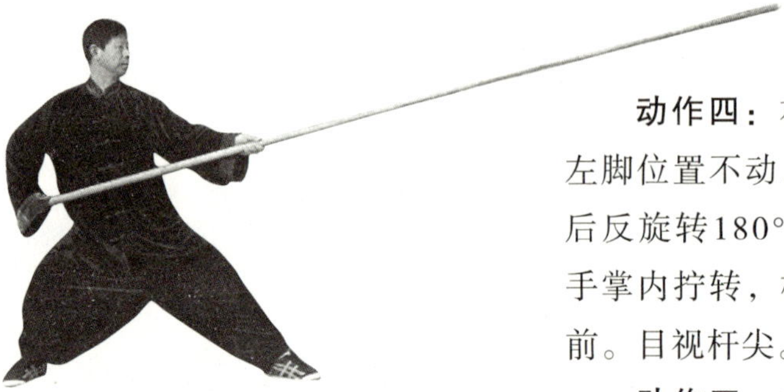

图7-23

动作四：右脚再向前迈一大步，左脚位置不动，双腿以脚跟为轴，向后反旋转180°。双手握杆，杆子在手掌内拧转，杆尖斜向上，位于小腹前。目视杆尖。（图7-23）

动作五：左脚不动，右脚蹬地，身体重心前移向左腿，随即右脚跟步，脚尖点地，成左实右虚步。双手持杆，左手为支撑点，右手握杆根部向上旋转拧刺向前。目视杆尖。（图7-24）

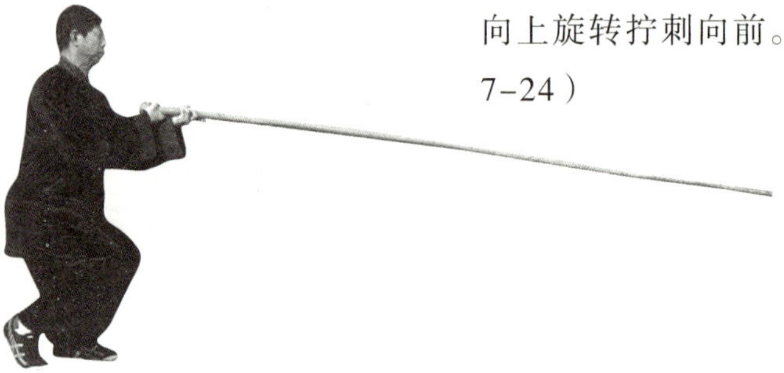

图7-24

第13式 手挥琵琶

接上式。左脚蹬地位置不动，身体上起，右腿后撤一步，身体由左向右旋转。左手托杆，右手握杆根部，由内向外旋转后撤，杆尖斜向上。目视杆尖。（图7-25）

图7-25

收势

接上式。左脚收回，右脚跟拧地，脚尖内扣回位，双腿并拢，自然立正。右手握杆中下部，持杆直立，左手自然下垂。目视前方。（图7-26）

图7-26

四、二路十三杆杆式名称

预备势
起势
第1式　掤一杆
第2式　青龙出水
第3式　童子拜观音
第4式　饿虎扑食
第5式　拦路虎
第6式　拗步
第 7 式　斜劈
第 8 式　风扫梅花
第 9 式　中军出队
第10式　宿鸟归巢
第11式　拖杆败势
第12式　灵猫捕鼠
第13式　手挥琵琶
收势

五、二路十三杆套路图解

预备势

图7-27

两脚平行而立，双腿自然站直。右手握杆中部，位于身体右侧；左手掌自然伸直，五指向下，掌心向内贴于左腿裤缝。目视前方。（图7-27）

起势

身体向左旋转90° 。右手向下滑动握杆根部，杆尖向前垂于地面；左手自然下垂。目视杆尖方向。（图7-28）

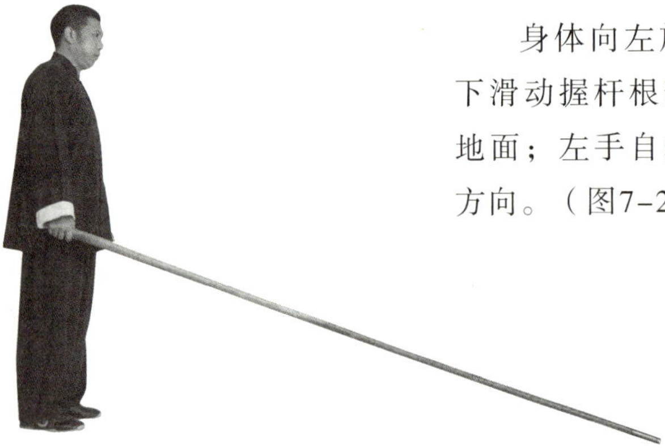
图7-28

第1式　掤一杆

动作一：接起势。左脚不动；右腿后撤一步，成左弓步。右手握杆同时向后拉杆位于右肩外上侧；左手半把紧握杆中部（拇指、食指前伸，其余三指并拢握杆），杆尖斜向左下方旋转外拨。目视杆尖。（图7-29）

动作二：身体重心后移向右腿，屈膝下蹲；左腿后退半步，脚尖点地成虚步。右手向外推，左手向左后方拉杆，同时腰胯从右向左旋转，推动杆尖由右向左划弧。目视杆尖。（图7-30）

图7-29

图7-30

第2式　青龙出水

动作一：接上式。左腿重心再前移半步，右腿不动。双手握杆位于腹前。目视杆尖。（图7-31）

图7-31

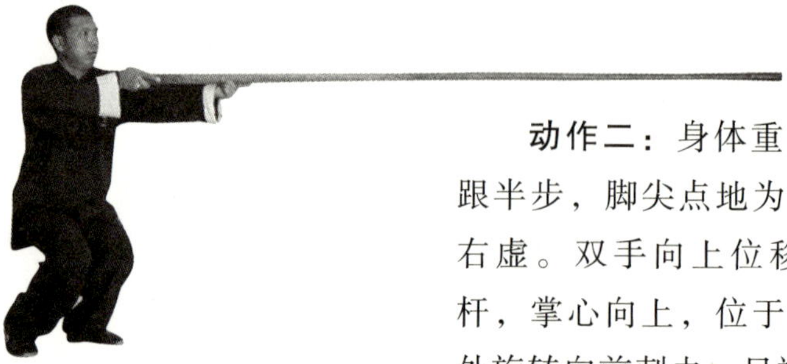

图7-32

动作二：身体重心前移至左腿，右腿紧跟半步，脚尖点地为虚步，双腿半蹲，左实右虚。双手向上位移于胸部上侧，左手托杆，掌心向上，位于左肩前侧；右手持杆向外旋转向前刺去。目视杆尖。（图7-32）

图7-33

第3式　童子拜观音

接上式。左脚不动，右脚向右前方迈步成右弓步。双手握杆由下向上旋转抬举平架，位于头部前上侧。目视杆中部。（图7-33）

第4式　饿虎扑食

图7-34

接上式。右脚不动，左脚向左前方迈一大步，成左弓步。同时转腰导引，杆尖由下向上划360°立圆，至左前下方。目视杆尖。（图7-34）

第5式　拦路虎

图7-35

接上式。左脚不动，右脚向右前方迈一大步，成右弓步。同时双手握杆，杆尖由上向左下划大弧，右手后拉左手往前推。目视杆尖。（图7-35）

第6式　拗步

接上式。左脚不动，右脚向左平移半步，左膝外侧顶住右膝内侧，成十字交叉步。杆随右腿划弧，向左前下方。目视杆尖。（图7-36）

图7-36

第7式　斜劈

图7-37

接上式。身体上起，左脚向右前方迈一大步，成左弓步，右腿不动。同时双手握杆由下向上划弧，斜劈向前。目视杆尖。（图7-37）

图7-38

第8式　风扫梅花

接上式。双脚不动，重心后移至右腿，前脚尖翘起，脚跟着地。同时，腰胯从右向左旋转，带动双手握杆向左向下再向上划立体大圆弧。目视前上方杆尖。（图7-38）

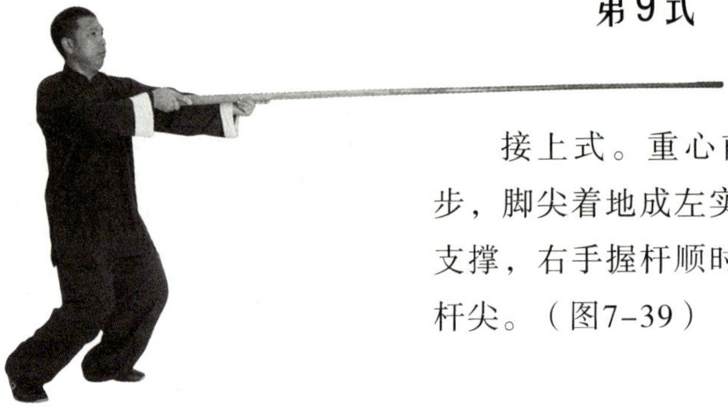

图7-39

第9式　中军出队

接上式。重心前移至左腿，右脚跟半步，脚尖着地成左实右虚步。同时，左手为支撑，右手握杆顺时针拧刺向前。双目平视杆尖。（图7-39）

图7-40

第10式　宿鸟归巢

接上式。右腿后撤一大步，左腿脚尖抬起内扣、脚跟拧地，成左虚右实步。双手握杆向后下方移至腰部。目视斜后方。（图7-40）

第11式 拖杆败势

动作一：接上式。身体继续由左向右后转，重心移向右腿，同时转体180° 。杆尖顺时针划小立圆，右手随之拧劲旋转，左手掌心向斜上方。（图7-41）

动作二：右脚蹬地，抬起左脚上踢，向前快速迈一大步，带动身体前移；右脚快速再向前垫步到左脚位置，左脚继续再快速上一步。双手握杆位置不变。眼观前面，意念在后。（图7-42、图7-43）

图7-41

图7-42

图7-43

第12式 灵猫捕鼠

动作一：接上式。右脚继续快速向前迈一大步，两脚跟同时向左旋转，重心在右腿，带动身体向后转体180° 。右手握杆根部，掌心由下向内旋转；左手由掌心向上变为向外，双手握杆置于小腹前侧。双目注视杆前端。（图7-44）

图7-44

动作二：右脚蹬地，重心移向左腿，再向前跟步，脚尖着地，形成左实右虚蹲步。同时双手握杆刺向前下方。目视杆尖。（图7-45）

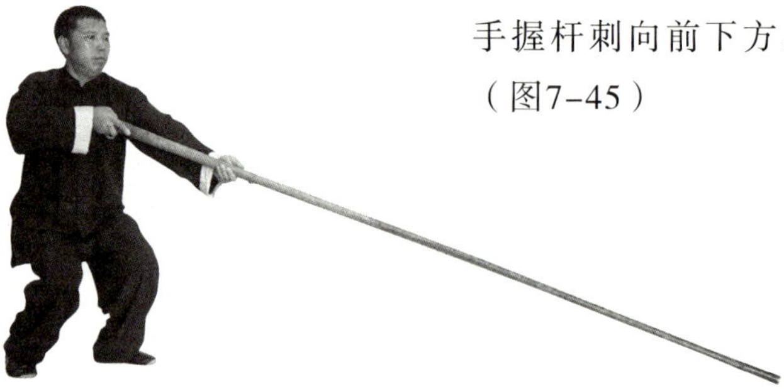

图7-45

第13式　手挥琵琶

接上式。身体重心上移，右脚向后撤一步，随即重心后移至右腿，腰胯由左向右旋转，变成右实左虚步。同时，双手握杆，杆尖由下向上划弧。目视杆身中部。（图7-46）

图7-46

收势

接上式。左脚收回，双腿并拢，自然立正。右手握杆中部，持杆直立，左手自然下垂。目视前方。与起势姿势相同。（图7-47）

图7-47

附　录

一、用脚步丈量心之力

姜有能

2005年，我开始接触到佛学，有幸拜读了南怀瑾先生的书《静坐修道与长生不老》，突然发现，人是有无穷的潜能的，只是我们自己没有去发掘。而人真正的潜能来自于哪里呢？来自于内心深处真正的宁静。

更进一步有机缘接触佛学，是后来我自己花了大量的时间阅读禅宗的公案。有一次，为了真正地了解中国近代的一个禅宗大德——虚云老和尚的所有故事，专门到云居山真如禅寺。在真如禅寺里我得到了一本书，叫《虚云老和尚年谱》。看到其中的一段经历大受触动，虚云老和尚志于求法，且为了感谢把他生下来却没有见过的母亲的养育之恩，发愿从浙江舟山的普陀山，三跪一叩首，拜到山西五台山，花了三年多的时间。

再后来了解到南怀瑾老师，他为了求证佛法，证悟自己的心性，在峨眉山山顶上闭关三年，精读《大藏经》。到了台湾之后，南老觉得他必须要闭关，突然问到自己闭关到底到哪里去闭呢？倏而恍然一笑，关不就在当下吗？不就在这里吗？就把自己家里的门一关，三年不出来，没有打坐的地方就在桌子上打坐，终于证悟心性。我们是俗人、凡夫，所以要花更多的时间去印证我们自己的内心。

2012年，南老辞世了，我自己开始创办企业。在创办企业的过程中突然发现，所谓理论上的学问终归是假的，正如中国有句古诗所说，"纸上得来终觉浅，绝知此事要躬行"。在做企业的过程当中，当然我们的机缘很好，可仍旧要经历非常多的坎坷和挫折。很多人不理解我，还有一些人要威胁、敲诈勒索我，甚至还有人要动用所谓的行政执法部门的力量来查抄我们的公司，为什么？经历了这么多的事情之后，就想到一个故事。那个时候乾隆皇帝下江南，在扬子江畔问他身边的和尚："大师，看，江上有多少船？你是开悟的人，能够立即数出来吗？"大和尚哑然一笑："哎呀，陛下，就两艘船嘛，一艘为名，一艘为利。天下攘攘，皆为利往；天下熙熙，皆为利来。”

在这样的基础之上，在2015年年底的时候，我就有了一个初步的想法，我也要去一趟五台山，去看看，去走走，还预先发布消息，不能给自己留有退路。刚好在7月底安顿好了公司的一些事务，在2016年9月初的时候，大概是10号、11号的样子突然下决定：走。所以真正下决定并不是说你要思考多少，可能就在那一刹那。

2016年9月19日始，2016年11月19日终，62天。南京栖霞古寺始，山西五台山大宝寺终，1537公里。走路的过程平淡无奇，但是自己的内心深处却是波澜壮阔。越来越体会到，我们作为人而存在，的确是有必要系统地对自己进行“解剖”的。每一个人实际上都承载着来到世间的使命，在我们心性未通之前，我们会浑浑噩噩，但在真正心性开明之后，我们的人生必然明亮有效又自在。就如六祖所言：迷时师度，悟后自度。悟后起修，得真圆融，可真“我”执。越来越体会到，我们每一个人实际上就是佛，佛就是凡夫，心、佛、众生浑然一体，无有任何差别。

2016年10月30日，第42天，到了邯郸下属的永年县。到酒店的时候，问前台，永年有什么好的景点可以去看看。他们都异口同声说，永年是太极文化发源地，当年的太极大师杨露禅就是永年人，就在现在永年老城——广府。

一下子，把我的思绪又拉回到了当年李连杰所演的《太极张三丰》，那行云流水、柔中带刚、有形又无形的拳势，一直在我的记忆中挥之不去，也一直想能有机会拜师学习训练。我自己从小对于养生、武术、气功都很感兴趣。在高中阶段，有两年的时间，每天早上五点钟起床打拳，那个时候真的是练得含胸拔背、气沉丹田。

一早七点半左右，我们出去吃早饭。在一个小广场，寒风凛冽当中，一群老老少少正在练习太极拳，应该是杨氏太极，更加让我们沉迷羡慕，买了一个鸡蛋饼，站在边上看了半天。那时，我们就临时决定，上午去广府看看，看有没有可能真正遇到一两个大师。

广府，它的历史可以追溯到2600年之前。后来是隋朝末年时期窦建德建都之地，城不大，但很精致，现在还保留着完整的城墙和建筑风格。走进城中，古老静谧的气息扑面而来，越走越舍不得离开。

到了城里，找了一个导游，参观了武家大院以及武禹襄故居。通过导游我们才知道，杨露禅当年和武家三爷也就是武禹襄关系甚笃，一起研究太极拳，不相上下。后来是在武家二爷，也就是在道光年间二品大员武澄清的推荐下，到北京的王府授拳，从此推广了杨氏太极，让天下人都知道了杨氏太极拳。而实际上，武氏太极并不逊于杨氏太极（杨露禅故居在城外南面）。

于是我们就到了武禹襄故居，想从里面寻找到太极拳的真奥妙。

很凑巧，我们刚好遇到了武氏太极第五代直系传人孙建国老师。大家可以在网上查到他以及武氏太极，我就不赘述。

和孙老师一起交流，得知他从小（1976年12岁时）就跟着武氏太极第四代传人李锦藩学习，学了二十多年。20世纪90年代开始，走遍大江南北拜访各处高人，提升自己的技艺以及武学修为，他和武当掌门以及国家武术协会秘书长都是好朋友，得到了世界武术界的认可。在一个他的视频上，看到他与别人（也是一个武术界高手）云手，刹那间就把这个所谓的高手推出十几米，让我们惊讶不已。为了传播太极拳，他去了深圳，但不会经营，甚至都讨了饭，他的太太因为他痴迷武学，几乎都要和他离婚。讲到这里，他的双眼忍不住就泛起了泪花。我们听得很感动。深刻感受到，任何一个集大成者，都必须经历各种苦难，就如孟子所说："故天将降大任于斯人也，必先苦其心志，劳其筋骨，饿其体肤，空乏其身，行拂乱其所为。所以动心忍性，曾益其所不能。"

所有成就者，必然都是如此，唯有坚持，才有成就之可能。

我们谈得很深很多，犹如久别故人，几个小时一下子就过去了，因为赶路，不得不离开。但孙建国老师答应加入我们的文化传承团队，让更多人了解太极，学习太极，以此让更多人健康，真是好！

（注：作者为永年武式太极学院联盟顾问、南京凯彬集团董事长、容元养生堂创始人。）

二、广府镇“太极之乡”所见所闻

梁定远

广府镇隶属于河北省邯郸市永年县，今天的广府镇有“古城、水城、太极城”三个称号。首先，广府镇是中国北方平原的中心，也是河北、河南与山西、山东的连接地区。这个地区从汉朝一直到清朝末期成为各种“叛乱的温床”[①]。至今，去广府镇的游客仍可以游览它雄伟的防御墙以及它所保护的古城。其次，永年县是在“黄河的冲积平原”[①]，为了控制水流和灌溉农田，广府镇附近的农村挖掘了许多池塘，筑成水利灌溉系统，加上广府镇的护城河，所以这个地方今天被称为“水城”。最后，广府镇是杨式和武式太极拳创始人杨露禅和武禹襄大师的故乡，他们所创造的拳法从19世纪后期到今天发展到全世界的各个地区，两位大师享誉全球，所以今天广府镇也称为“太极城”。

2018年8月，我在广府镇进行了民族志调查。这项调查是我在日内瓦大学进行博士研究的一部分，并由孔子学院资助。通过这项调查，我想了解中国重新定义在民间流传的太极拳，并将其转化为面向体育的练习和表现方式的过程。参观武禹襄故居时，我有幸见到了武式太极拳第五代直系传人孙建国老师，他耐心地和我分享了他对太极拳的心得。尽管受到国家媒体的热情邀请（在我们见面的那天，海南电视台正拍摄一部关于他的纪录片），他还是花了很长时间向我介绍武式太极拳的特点。能与这样一位慷慨睿智的老师交流，真是一种荣幸。

广府镇，是孙建国大师的家乡，也被称为“太极之乡”。每天清晨，数十名当地人在古城周围的高墙上练习太极拳。据当地体育局统计，广府镇大约有25所太极拳学校，每所学校都有50～100名当地学生。在区域治理上，太极拳已经成为该地旅游业的一个营销热点；在地方政府的发展战略中，太极拳招式及其相关论述已经商品化。自2006年以来，太极拳的几大传统门派被列为国家非物质文化遗产（非遗）[②]，为中国国家身份的建构注入了新的象征意义。太极拳的招式动作及其表现方式成为了“反映中华民族价值观和精神”[3]的文化商品。

这一过程发生在1949年中华人民共和国成立以来，由中国政府制定的一项“推广大众文化”[4]的战略中。这一文化政策将流行的做法标准化，使之成为在全国范围内共享的、政治正确的形式[4][5][6][7]。1958年以来，中国武术协会大力推广与武术相关的体育项目[8]，同时取缔了所标记为“封建迷信”或“宗派门户争斗”[9]的内容。因此，政府通过“现代”视角重塑武术，通过设置比赛规则和赛前身体训练（热身运动、体操运动的概念，合理的教学方法或教育学等），正式形成“体育课”的基础[10]。这种对武术的政治领导，创造出了混合奥林匹克意识形态的“武术运动”。

在这一过程中，太极拳的招式动作及其相关表现形式经历了深刻的变革。在传统的太极拳谱系中，“师父”的角色，以及他对追溯到门派创始人的归属感，使他接受这门学科；而在体育框架中，则是国家标准和法规认可这门学科。此外，专业运动员在演练动作时，注重裁判使用的标准——本质上是审美的考虑；相反，练传统拳法者则注重作战效率。因此根据民间的说法，太极拳的“风格”已经改变，它已经从徒手格斗转向体操或舞蹈：“太极拳变成太极舞、太极操”。

在《武氏家传太极拳》这本书中，孙建国老师分享了他对传统武式太极拳的理解，在他看来，武式太极拳的核心是招式动作的内在能量，而外在因素是次要的；书中介绍了武式太极拳的招式和理论基础，这是他和他的“武式太极学院”终身致力于这个拳法的实践和十年编撰的共同成果。

（注：本文作者梁定远，原名Pierrick Porchet，是日内瓦大学科学学院的博士生，也是日内瓦大学孔子学院的研究和教学专员。他的博士研究集中讨论关于武术相关的人体知识的流传过程与方式 http://unige.ch/ic/recherche/kinesic-practices/.）

①Wile, Douglas. Lost T’ai-chi classics from the late Ch’ing dynasty. University of New York Press. Albany: State，1996.

②国家名录. 中国非物质文化遗产网， URL: http://www.ihchina.cn/5/5_1.html, 网页查询日期：2018.08.15.

③Bodelec, Caroline. Être une grande nation culturelle. Les enjeux du patrimoine culturel immat é riel pour la Chine. Tsanta , 2014, 19: 1930.

④Graezer Bideau, Florence. L' instrumentalisation de la culture populaire. Le cas de la danse du yangge en Chine. Tsantsa , 2008, 13: 5260.

⑤Durand–Dastes, Vincent. La Grande muraille des contes. Carreau de la BULAC, 2014: 157.

⑥Micollier, Evelyne. Qigong et "nouvelles religions" en Chine et ɑ Taiwan: instrumentalisation politique et processus de légitimation des pratiques. Autrepart, 2007, 2 (42): 12946.

⑦Graezer, Florence.Le Festival de Miaofeng shan: culture populaire et politique culturelle. Études chinoises , 2003, 22: 28395.

⑧Song, Jie, et Hongli Yue. Considerations on Wushu's national culture characteristics. Asia Pacific Journal of Sport and Social Sciences, 2016, 5 (1): 2834.

⑨武德守则. 中国武术协会官方网站, URL: http://zgwx.wushu.com.cn/w_wdsz.asp, 网页查询日期：2018.08.15.

⑩江百龙. 武术理论基础. 北京：人民体育出版社，1995.

三、武氏太极“文人武圣”终身培训计划

学年	文化课	武术理论	基本功训练	武氏太极专业训练	备注
第一年	《大学》《中庸》《论语》、英文经典	《中国传统武术史》	外家拳腿法、柔韧性及力量练习	武氏太极桩功、一路中捋架入门	可单独培训
第二年	《孟子》、英文经典	《太极拳史》	外家拳基本拳法和身法练习、易筋经	武氏太极一路中捋架学架、改架	
第三年	《老子庄子选》、英文经典	历代拳经拳论	少林拳、易筋经	武氏太极一路中捋架、推手练习	
第四年	《易经》、英文经典、书法	历代拳经拳论	少林拳、易筋经	武氏太极剑、推手练习	以下本会弟子才能继续学习
第五年	《黄帝内经》《前四史》、英文、书法、古琴	历代拳经拳论、太极拳经拳论	少林拳、易筋经	武氏太极刀、推手练习	重点培训
第六年	《黄帝内经》《前四史》、英文、书法、古琴、围棋	历代拳经拳论、太极拳经拳论、中医	少林拳、易筋经	武氏太极杆、推手练习	

（续表）

学年	文化课	武术理论	基本功训练	武氏太极专业训练	备注
第七年	《黄帝内经》《通鉴》、英文、书法、古琴、围棋	历代拳经拳论、太极拳经拳论、中医	少林拳、易筋经、瑜伽	武氏太极二路炮捶、推手及散手练习	
第八年	《黄帝内经》《通鉴》、英文、书法、古琴、围棋	历代拳经拳论、太极拳经拳论、中医	少林拳、易筋经、瑜伽	武氏太极三路小架、推手及散手练习	
第九年	《伤寒论》、诗词、古文、英文、书法、古琴、围棋	历代拳经拳论、太极拳经拳论、中医	少林拳、易筋经、瑜伽	武氏太极综合训练、其他太极门派、国家竞赛套路	
第十年	《伤寒论》、诗词、古文、英文、书法、古琴、围棋	历代拳经拳论、太极拳经拳论、中医	少林拳、易筋经、瑜伽	武氏太极综合训练、其他太极门派、国家竞赛套路	
第二个十年	儒释道西四家理论学习与实修	现代体育、传统武术、中医养生理论研究与古籍整理	遍访名师学习各大传统门派之武技与理论	武氏太极综合训练、其他太极门派、国家竞赛套路	
第三个十年	儒释道西四家理论学习与实修	现代体育、传统武术、中医养生理论研究与古籍整理	遍访名师学习各大传统门派之武技与理论	武氏太极综合训练、其他太极门派、国家竞赛套路	
终身学习	传统文化（经学、易学、史学、文学等）学术实践、学术创作	武学及医学理论学术实践与创建	融会贯通各大门派之武技与理论	提高、完善本门武技与理论，有天赋与德能者追求开宗立派之能	

（注：武氏太极拳第六代传人——李鹏 供稿）

四、武氏家传太极拳传承表

六代传人

- 武禹襄（河清）（1812—1880）
  - 李亦畬（经纶）（1832—1892）
    - 郝为真（1849—1920）
      - 孙禄堂（1861—1933）
      - 李宝玉（字乡远）
      - 郝月如（1877—1935）
      - 韩钦贤
      - 张振宗
    - 葛福来
    - 李石泉（宝廉）（1873—1937）
      - 李槐荫（字子固）（1903—1956）
      - 李堂荫（字化南）（1910—1948）
      - 李锦藩（1920—1991）
    - 李逊之（宝让）（1882—1944）
      - 李锦藩（1920—1991）
      - 魏佩林（1913—1961）
      - 赵蕴园
      - 刘梦笔
      - 姚继祖（1917—1996）
  - 李启轩（承纶）（1835—1899）
    - 李献南——李福荫（字集五）
    - 马静波
    - 葛顺成

- 李锦藩
  - 王润生（永年）
  - 孙建国
    - 孙　蕾（永年）
    - 吕文贤（达县）
    - 王会平（峰峰）
    - 马高锋（永年）
    - 朱瑶盛（仙居）
    - 张光林（仙居）
    - 张晓东（东阳）
    - 陈贤伟（仙居）
    - 刘建鼎（三门峡）
    - 赵　超（武汉）
    - 陈原龙（临海）
    - 柴建鸿（宁波）
    - 金爱平（宁波）
    - 陈　明（重庆）
    - 崔智勇（保定）
    - 翟亚兵（巢湖）
    - 朱四平（明光）
    - 刘　莉（明光）
    - 陈阳辉（长沙）
    - 魏本发（日照）
    - 陈建红（西宁）
    - 杨承鑫（日照）
    - 张海宽（平顶山）
    - 吴同强（梁山）
    - 王占东（辛集）
    - 李广太（邯郸）
    - 王中朝（邯郸）
    - 赵　丹（镇江）
    - 黄　建（镇江）
    - 翟　成（镇江）
    - 孔　鑫（镇江）
    - 张伟杰（镇江）
    - 桂　兴（桂林）
    - 吴电喜（枣庄）
    - 万明祥（泰兴）
    - 肖正雄（汕头）
    - 祁志成（永年）
    - 孙洪恩（长春）
    - 陈雄威（庐江）
    - 陈紫宇（长沙）
    - 吴欢云（宜阳）
    - 黄万彬（黄石）
    - 丁俊杰（东台）
    - 李向东（永年）
    - 青强民（永年）
    - 王　琳（永年）
    - 史桂海（永年）
    - 杜志刚（永年）
    - 武米生（永年）
    - 王晓鹏（邯郸）
    - 张　波（永年）
    - 侯斌辉（邯郸）
    - 师运相（肥乡）
    - 马会勇（石家庄）
    - 李学亮（石家庄）
    - 杨航达（邯郸）
    - 李文何（定兴）
    - 夏长福（清河）
    - 李宁波（涉县）
    - 刘振伟（石家庄）
    - 林良葳（厦门）
    - 张锡昌（台山）
    - 陈振鹏（台山）
    - 沈　峰（仙居）
    - 赵小兵（仙居）
    - 王　炜（仙居）
    - 王健美（仙居）
    - 应加亮（仙居)
    - 程　铭（永康）
    - 武永政（盘锦）
    - 王　威（沈阳）
    - 张实惠（朝阳）
    - 孔祥恒（永年）
    - 雷　飞（邯郸）
    - 李　鹏（贵阳）
    - 徐累文（安庆）
    - 宫晓明（长春）
    - 王青芝（长春）
    - 邢富研（长春）
    - 宫宇明（长春）
    - 邢耀档（长春）
    - 姜天宇（长春）
    - 宫世广（长春）
    - 顾兰凤（东台）
    - 王　峰（镇江）
    - 万明祥（泰兴）
    - 鲍秀芹（响水）
    - 靳　礼（宁夏）
    - 陈建红（青海）
    - 赵　超（武汉）
    - 谭忠能（柳州）
    - 吴雅杰（钦州）
    - 王贵庆（海口）
    - 小　林（乐清）
    - 王现平（永年）
    - 宋　波（永年）
  - 孔凡海
  - 孔凡礼
  - 孔凡孝
  - 王俊生
  - 孙乾坤
  - 路士强
  - 靳文彬
  - 冀云峰
  - 马立森
  - 靳志增
  - 王五生
  - 乔松茂（邯郸）
  - 李德龙
  - 石　勇

河北邯郸七代弟子

- 王会平
  - 王　哲
  - 王　尧
  - 吕源龙
  - 王　钊

河北永年七代弟子

- 马高锋
  - 马旭浩（永年）
  - 马旭然（永年）
  - 孙俊轩（辽宁）
  - 高全民（山西）
  - 崔建壮（河北）

浙江仙居七代弟子

- 朱瑶盛
  - 朱容峰
  - 潘党军
    - 马立群
    - 郭西金
  - 朱晓波
    - 金炜俊
    - 王慧飞
    - 王鹏飞
  - 郭善木
  - 周焕敏
  - 王　勇
  - 应天星
  - 王力均
  - 吴荣伟
  - 郑永富
  - 张　强
  - 朱丽芬
  - 雷洪金
  - 张建洪
  - 王　泽

重庆七代弟子

陈　明
- 钟　建
- 钟　欣
- 胡大雁
- 刘国峰
- 周季军
- 黄　平
- 杨　曦
- 余劲松
- 温子宇
- 胡　钜
- 陈卓锐
- 张国栋
- 陈建兴
- 彭　洁
- 李　维
- 季　刚
- 王丽姿
- 李南华
- 姬国鹏
- 罗　杰
- 谢杨汉
- 林渝昆
- 王清羽
- 李　黎

安徽巢湖七代弟子

翟亚兵
- 胡文明
- 杨　志

山东日照七代弟子

魏本发
- 王　燕
- 赵　磊
- 聂冬梅
- 李增林
- 娄盛茂
- 尹相正
- 金同好
- 苏圣至
- 齐素娥
- 李　涛

广东汕头七代弟子

肖正雄
- 陈洽喜
- 陈煜彬
- 张俊溪
- 陈梓慧
- 金卫华
- 郑　和
- 陈　良
- 林广大
- 潘隆苏
- 陈　烁
- 陈晟源
- 唐悦才
- 林圣海
- 郑　淼
- 蚁炯武
- 卢树利
- 林仰熙
- 陈广锦
- 阮伟建
- 阮映娟
- 陈镇松
- 陈少武
- 陈建龙
- 徐　斌
- 鲁学武
- 贺佩斯
- 李锦炎

江苏盐城七代弟子

丁俊杰
- 郑敏生
- 贾文杰
- 丁伟倩
- 丁伟华

浙江仙居七代弟子

陈贤伟
- 陈宇鹏
- 应 赟

捐献功德记

为纪念武氏太极拳第四代嫡系传人李锦藩先师诞辰98周年，2018年9月在武禹襄祖师故居塑立汉白玉像与纪念碑。

捐献功德六代弟子：王会平、马高锋、吕文贤、朱瑶盛、张晓东、陈贤伟、李鹏、陈建红、王威、翟亚兵、林良菽、武永政、鲍秀芹、刘莉、丁俊杰、顾兰风、靳礼、魏本发、夏长福、祁志成、马会勇、张晓东、程铭、吴欢云、徐累文、吴雅杰、徐正军、吴同强、陈振鹏、史桂海、谭忠能、王建美、应加亮、沈峰、赵小兵、张光林、王炜、陈雄威、侯斌辉、青强民、李向先、孙洪恩、杨航达、刘忠贵、李学亮、陈明、肖正雄、李文何、朱四平、雷飞、师运相等。

七代弟子：贾文杰、郑敏生、丁伟倩、丁伟华、杨志、应天星、朱丽芬等。

五、武氏家传太极拳全国弟子传人分布图

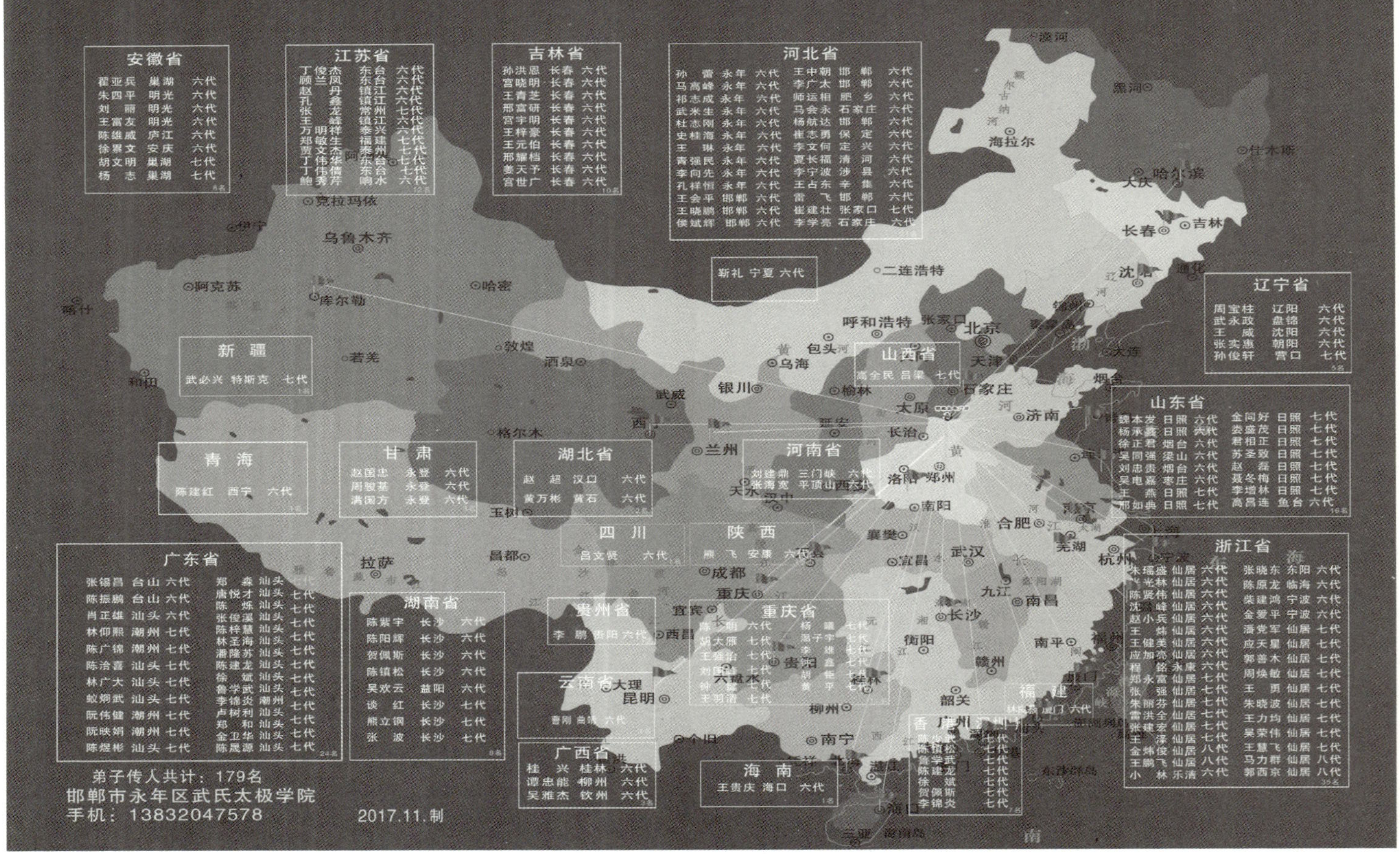

六、清光绪三年永年县城图

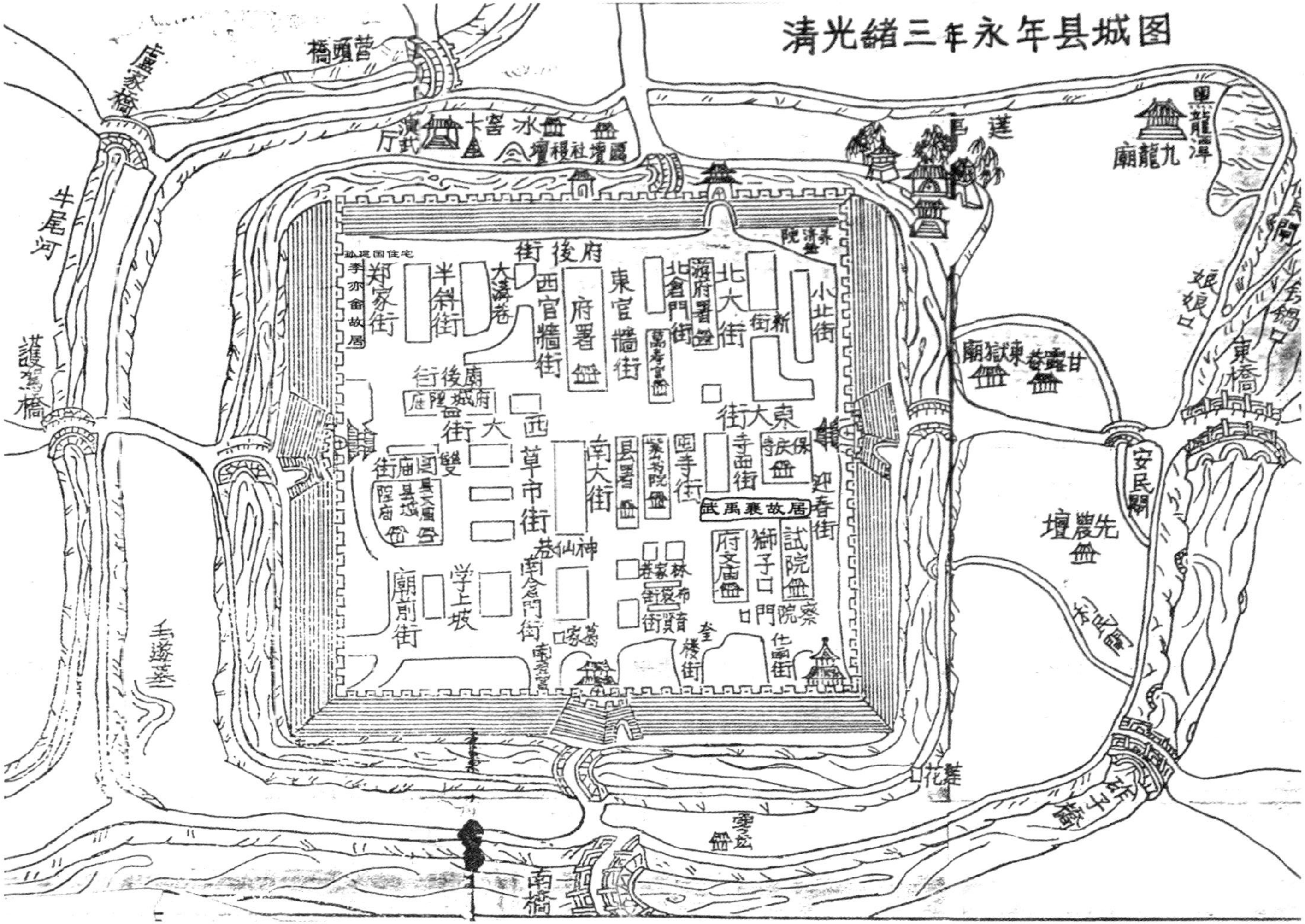

七、永年西街李氏故居鸟瞰图

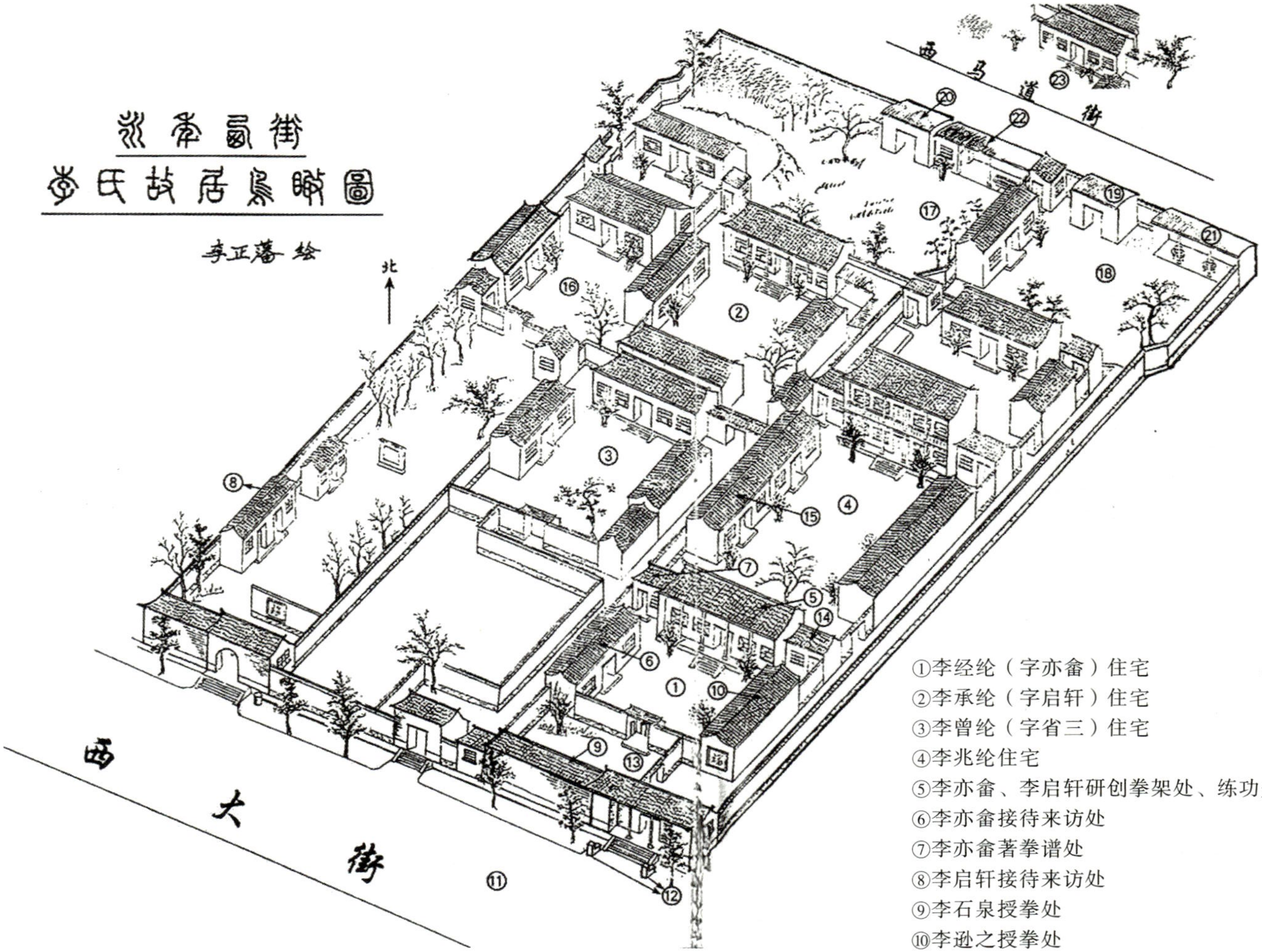

永年西街李氏故居鸟瞰图

①李经纶（字亦畬）住宅
②李承纶（字启轩）住宅
③李曾纶（字省三）住宅
④李兆纶住宅
⑤李亦畬、李启轩研创拳架处、练功夫
⑥李亦畬接待来访处
⑦李亦畬著拳谱处
⑧李启轩接待来访处
⑨李石泉授拳处
⑩李逊之授拳处
⑪广府西大街
⑫前大门上马石
⑬垂花门
⑭库房
⑮李锦藩曾住处
⑯西院
⑰⑱后院
⑲⑳后大门
㉑磨房
㉒马棚
㉓孙建国住宅

图书在版编目(CIP)数据

武氏家传太极拳. 实践篇 / 孙建国，程涛，韩军文编著；李锦藩传授. －北京：人民体育出版社，2018
ISBN 978-7-5009-5445-3

Ⅰ. ①武… Ⅱ. ①孙… ②程… ③韩… ④李… Ⅲ.①太极拳-基本知识 Ⅳ. ①G852.11

中国版本图书馆 CIP 数据核字（2018）第 211527 号

*

人民体育出版社出版发行
中国铁道出版社印刷厂印刷
新 华 书 店 经 销

*

787×960 16 开本 18.75 印张 300 千字
2018 年 9 月第 1 版 2018 年 9 月第 1 次印刷
印数：1-5,000 册

*

ISBN 978-7-5009-5445-3
定价：68.00 元

社址：北京市东城区体育馆路 8 号（天坛公园东门）
电话：67151482（发行部） 邮编：100061
传真：67151483 邮购：67118491
网址：www.sportspublish.cn